The Power of Leadership

領導的力量

君合書

張弼君著

Billson International Ltd.

Published by
Billson International Ltd
27 Old Gloucester Street
London
WC1N 3AX
Tel:(852)95619525

Website:www.billson.cn
E-mail address:cs@billson.cn

First published 2025

Produced by Billson International Ltd
CDPF/01

ISBN 978-1-80377-164-9

Hebei Zhongban Culture Development Co.,Ltd
Wanda Office Building B, 215 Jianhua South Street, Yuhua District, Shijiazhuang City, Hebei province, 2207

前　言

　　在当今社会的发展进程中，深入探究生产力的核心要素与领导的关键作用至关重要。本书围绕这一核心主题，系统剖析了领导、生产力以及先进生产力（涵盖新质生产力）等重要概念，旨在明晰各要素之间的内在联系与作用机制。

　　书中着重指出，领导者在组织与社会发展进程中占据着极为关键的地位，其影响力广泛且深远，堪称推动发展的核心动力。优秀的领导者能够凭借卓越的决策能力、高效的组织协调以及强大的激励引导，充分整合各类资源，激发团队的创新活力与工作热情，进而极大地提升整体生产力水平，有力地推动社会的持续进步与发展。

　　基于此，本书从多个维度深入探讨领导者的职责与使命，自第三章至第七章分别从职责履行、思维模式、时机把握和三观塑造等方面，全面且深入地阐述了领导者在其位应如何谋其政、如何思考与行动、如何把握时机以及树立正确三观，从而实现有效领导和推动组织发展，这些内容构成了领导者成长与成功的核心要素与关键路径。

　　本书致力于为身处领导岗位或有志于从事领导工作的人士提供具有参考价值的见解与思路，期望能助力他们在领导实践中不断成长与进步。鉴于作者能力与知识的局限性，书中难免存在不足之处，诚挚欢迎广大读者批评指正，您的宝贵意见将成为作者不断学习与提升的重要动力源泉。

张弼君

2024 年 3 月 28 日于宁波

CONTENTS
目 录

第一章
领导的定义

从词典中理解领导这个词可以分为动词释义、名词释义。从动词来讲，意思是引导朝一定方向前进，即在特定条件下影响他人实现某种目标的行为，算是一种交互的过程。

从名词来讲，"领导"一词常被定义为实施指引和影响他人的人，能够指挥群体活动，指明目标路径；协调被领导者之间的关系；激励被领导者展开工作向更高的目标而前进[1]。

领导者在组织中扮演着不同的角色，并肩负着相应的责任。领导者需要根据情境和任务的不同，灵活地调整自己的角色定位，以更好地发挥领导作用。

根据不同的领域和标准，领导可以分为不同的层级，每个层级的领导产生的方式、成长的方式和组织管理的方式各不相同，所以他们为企业、单位以及社会所产生的价值也各不相同。如果各个层级的领导都能够进行有效的管理、有效的领导，便可以产生更高的效益，同时，各个层级的领导如果可以做到相互帮助协作，所产生的利益也会更大化。所以后面的文章中便会讲到各个层级的领导应该如何成长，如何做到有效管理。

1.1 领导概念的不同理解

关于领导概念，不同学者从不同角度和侧面有着不同定义。概括起来，较具有代表性的看法有以下几种：

1.1.1 行为过程

有学者认为："领导是影响人们自动地达成群体目标而努力的一种行为。"也有学者认为："领导是对一个组织起来的团体为确立目标和实现目标所进行的活动施加影响的过程。"又有学者认为："领导是指挥群体在相互作用的活动中解决共同问题的过程[2]。"等等。

---

[1] 简述领导者与被领导者之间的关系。_百度教育

[2] 《领导力的作用机理及与胜任力的关系探讨》-屈成鹰

在这个领导过程中有四个重要因素，即，领导者、被领导者、环境以及结果。这个行为过程简单来说是领导在判断环境因素后向被领导者发布决策和指引最终产生结果的过程。但真实的领导行为过程还会受到各种各样的影响以及接受各种各样的链接（领导行为过程如图 1）。

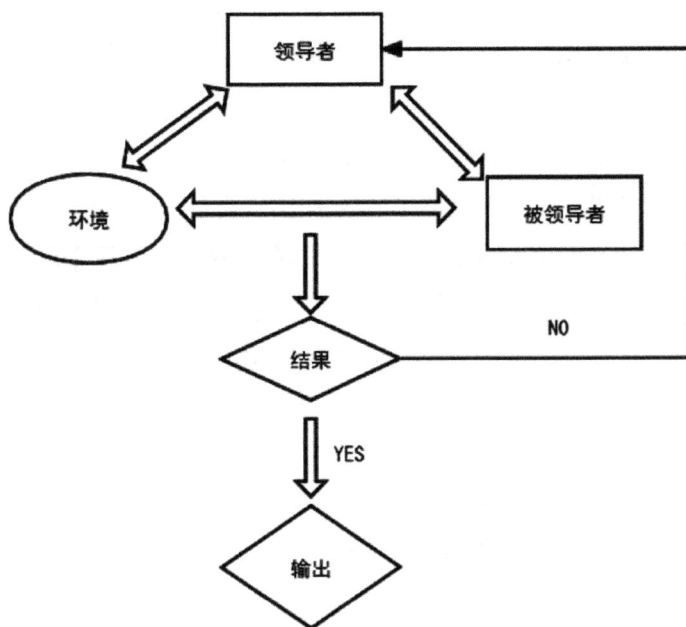

领导者与被领导者之间的关系是组织中的一个重要方面，它影响着组织的运作和绩效。领导者应该具备良好的领导能力，能够有效地激励和指导被领导者，使其发挥潜力并达到预期目标。领导者需要具备良好的沟通和倾听能力，理解被领导者的需求和关切，并给予他们支持和指导。而被领导者则需要相信和尊重领导者，积极参与团队工作，共同追求共同的目标 [1]。

环境对领导行为的影响：环境是领导行为中一个重要的因素，它包括内外部环境 [2]。内部环境指的是组织内部的文化、氛围和制度等因素，而外

---

[1]　金融稳定论坛机制及其重构的法律透视《学术论文联合库》李仁真

[2]　《从天道观、人生观探讨陶渊明的道家思想》– 李镇 —今古文创（期刊）

部环境则包括市场竞争、政策法规等方面。环境对领导行为有直接和间接的影响。一个积极向上、支持创新的内部环境可以激励领导者和被领导者发挥自己的潜力，推动组织取得更好的结果。而挑战严峻、不稳定的外部环境则需要领导者具备应变和决策能力，以及帮助团队克服困难、适应变化的能力。

结果对领导行为的反馈与反作用：结果是领导行为的衡量标准，也是领导者和被领导者共同努力的结晶。[1] 结果可以是团队或组织的整体业绩，也可以是个人的成长和进步。结果不仅对领导者的表现和决策进行反馈，同时也对被领导者的努力和贡献进行认可。领导者需要根据结果进行适时的调整和改进，以进一步提升团队的绩效和实现目标。结果也会作为反作用的力量，激励领导者和被领导者不断追求卓越，从而形成良性循环。

领导者、被领导者、环境与结果之间的相互关系：领导者、被领导者、环境与结果之间形成了一个复杂的相互关系网络。领导者的行为和决策受到环境的影响，同时也会对被领导者和环境产生影响。被领导者的表现和态度也会反过来影响领导者的行为和决策。环境的变化和要求会促使领导者和被领导者作出相应的调整和改变。而最终的结果不仅受到领导者和被领导者的共同努力，也受到环境的制约和影响。

1.1.2 影响力

有学者认为："领导就是在某种情况下，经过意见交流过程所实现出来的一种为了达成某种目标的影响力。"又有学者指出："领导即有效的影响。为了施加有效地影响，领导者需要对自己的影响进行实地了解"。也有学者认为："领导是在领导者和追随者之间有影响力的一种关系。"

建立信任和亲和力：领导者首先要建立与追随者之间的信任和亲和力。通过真诚地倾听和理解他们的需求、关切和意见，展现对他们的关心和尊重。同时，领导者还需要展示自己的专业能力和价值观，并以身作则，做出正面的榜样，从而赢得他们的信任和敬意[2]。

---

[1] 《王阳明"知行合一"思想探究及其现实意义》- 赵月聪，李姝睿 —河北开放大学学报（期刊）

[2] 班主任怎样管理好新班级《学术论文联合库》滕春花

清晰传达愿景和目标： 领导者应该清晰地传达组织的愿景和共同的目标，让追随者明确知道他们的努力和贡献将如何帮助实现这些目标。领导者需要用简洁明了的语言解释为什么目标重要，以及它们与追随者的个人和组织发展之间的联系。这样可以激发追随者内在的动力，使他们对目标产生共鸣，并愿意为之努力。

提供支持和资源：作为领导者，要确保追随者有足够的资源和支持来完成工作任务。领导者需要了解追随者的需求和挑战，并积极提供他们所需要的培训、技能和设备等资源。同时，领导者还应该支持他们克服困难和挑战，给予必要的指导和帮助。这样可以增强追随者的信心和动力，提高他们的工作效率和绩效。

激发积极情绪和激情：领导者应该激发追随者的积极情绪和激情。这可以通过正面的反馈和认可来实现，及时表达对追随者工作的赞赏和认可，鼓励他们充分发挥自己的潜力。此外，领导者还可以通过激励措施，如奖励制度和晋升机会等，激发追随者的动力，并促使他们进一步提升自己的工作表现[1]。

培养发展机会：好的领导者应该关注追随者的个人成长和发展。领导者可以通过提供培训和发展机会来帮助追随者提升自己的能力和技能，使他们在工作中获得成就感和满足感。此外，领导者还应该鼓励追随者设定个人目标，并给予必要的支持和指导，帮助他们实现个人和职业发展[2]。

倾听和沟通：领导者应该倾听追随者的意见和建议，并对其进行积极回应。通过开放的沟通渠道，领导者可以了解到追随者的需求和挑战，并及时作出调整和改进。同时，领导者还需要不断与追随者分享信息和反馈，确保他们理解组织的变化和决策，并参与到决策过程中。

1.1.3 权力

领导的权力是指作为一种统治形式，领导者可以行使对其下属的指挥和控制。这种权力涉及组织的管理、决策和影响等方面。领导者通过决策

---

[1] 转轨期高校人力资源管理与开发的困境与出路 _ 高校人力资源开发《学术论文联合库》

[2] 关于专职术前访视对病人满意度的影响《学术论文联合库》朱凤岚

权力来作出关键的决策，通过授权权力委派任务给下属，通过惩罚权力对违规行为进行处罚，通过信息权力传递和管理信息，通过社交权力建立良好的人际关系，通过激励权力提高员工积极性。领导者应该谨慎行使权力，保持公正、合理和透明，以促进组织的稳定和发展。他们也需要不断学习和发展自己的领导能力，以更好地服务于组织和下属。

有学者认为："领导即行使权威与决定。"也有学者认为："领导是一种统治形式，其下属或多或少地愿意接受另一个人的指挥和控制。"又有学者认为："领导是一个人所具有并施加于别人的控制力。"等等 [1]。

其中的权力可以包含很多种，决策权力、授权权力、惩罚权力、信息权力、社交权力和激励权力：

决策权力：

作为领导者，拥有决策权力是一项重要的职责。领导者需要根据团队或组织的需求和目标，做出关键的决策。这可能涉及战略规划、资源分配、项目管理等。领导者的决策应该基于充分的信息和理性的判断，同时也应该考虑到利益相关者的意见和反馈，以达到最佳的决策结果。

授权权力：

领导者可以通过授予权力来委派任务和职责给下属。这样可以让下属感受到责任和信任，并鼓励他们发挥自己的潜力。授权的过程中，领导者需要明确地沟通任务目标和期望，同时也需要提供必要的支持和资源来帮助下属顺利完成任务 [2]。

惩罚权力：

领导者在组织中也可能拥有惩罚权力，用于对违反规定或不当行为进行处罚。然而，在行使惩罚权力时，领导者应该保持公正和透明，遵守相关的法律法规和组织规定。惩罚应该是合理和合法的，并且应该与违规行为相匹配，以确保公平和正义的原则得到维护。

---

[1]　交通肇事罪研究《学术论文联合库》徐发文

[2]　转轨期高校人力资源管理与开发的困境与出路_高校人力资源开发

信息权力：

领导者通常会掌握更多的信息和资源，这赋予了他们在组织中的信息权力。领导者应该善于收集、整理和传递信息，确保信息的畅通和准确性。同时，领导者也应该鼓励下属分享信息和意见，以促进团队的协作和创新。

社交权力：

领导者通常具备一定的社交影响力，能够与他人建立良好的关系和网络。这种社交权力可以帮助领导者更好地协调和引导团队的工作。通过有效地沟通和人际关系管理，领导者可以减少冲突和摩擦，提高团队的凝聚力和合作性。

激励权力：

领导者拥有激励下属的权力，通过激励机制来提高员工的积极性和工作动力。这可以包括奖励制度、晋升机会、培训发展等[1]。领导者应该了解员工的需求和动机，针对性地提供激励措施，使员工感到被重视和关心，从而更加投入工作。[2]

总结起来，领导的权力是一种统治形式，用于指挥和控制下属。在行使权力时，领导者应该保持公正、合理和可持续的原则，以促进组织的稳定和发展。同时，领导者也应该意识到权力的滥用可能带来负面影响，因此需要持续学习和发展自己的领导能力，以更好地服务于组织和下属。

1.1.4 艺术

有学者认为："领导是一门促使其部下充满信心，满怀热情来完成他们任务的艺术"，领导是一门复杂而精妙的艺术，需要领导者具备广泛的知识、

---

[1] 《王阳明"知行合一"思想的当代价值》- 朱若彤 - 文化学刊（期刊）

[2] 《哲学咨询的方法：拉哈夫"世界观的诠释"刍议》- 张利增 —国外社会科学前沿（期刊）

技能和智慧。在不同的环境和情境下，领导者需要灵活运用各种策略和方法来引导团队，实现组织的目标。下面是有关领导的艺术的各个方面[1]。

一、视野与战略：优秀的领导者需要具备宏观的视野和丰富的战略眼光。他们能够洞察行业动态、市场趋势，并对未来进行准确的预判。在制定战略方向时，领导者需要考虑到内外环境的因素，明确组织的愿景和使命，并制定相应的策略来实现目标。

二、沟通与影响：沟通是领导者至关重要的能力之一。优秀的领导者能够清晰地传递信息，倾听员工的意见和反馈，并能够以合适的方式影响和激励团队成员。他们善于表达自己的观点，鼓励员工的参与和创新，并能够有效地处理冲突和危机情况。

三、激励与激发：领导者需要具备激励和激发员工的能力[2]。他们了解员工的需求和动机，根据不同的情况采取相应的激励措施，以提高员工的积极性和工作动力。优秀的领导者能够发现员工的潜力，并激发他们的创造力和责任感，使其在工作中实现个人和团队的成长[3]。

四、决策与执行：领导者需要具备明确的决策能力和高效的执行能力。他们需要在复杂的环境下做出正确的决策，并能够迅速地将决策付诸行动。领导者应该注重团队合作，充分发挥团队成员的专业知识和能力，以实现组织目标的高效实施。

五、适应与变革：在快速变化的市场环境中，领导者需要具备敏捷的适应能力和积极的变革思维。他们要善于学习和调整战略，以适应新的挑战和机遇。领导者还应该具备引领组织变革的能力，帮助团队成员适应变化，并鼓励创新和持续改进。

六、培养人才与团队建设：优秀的领导者注重培养人才和团队建设[4]。他们重视员工的职业发展，为员工提供必要的培训和发展机会，以激发其

---

[1] 《技能大师传帮带促进企业早出人才》- 陈为国，唐勇，—现代班组（期刊）

[2] 浅谈构建以人为本的企业文化《学术论文联合库》牟世波

[3] 《孙子兵法谋略思想与体育教学》- 朱永军；杨圣涛；常杰 —当代体育科技（期刊）

[4] 《朱熹的读书六法》- 晏建怀 —政策瞭望（期刊）

潜力。领导者还需要注重团队的建设，促进团队协作和沟通，打造一个积极向上的工作氛围。

七、道德与榜样作用：领导者应该具备高度的道德标准和榜样作用。他们需要以身作则，展现出诚信、正直和公正的行为，树立良好的道德风范。领导者的榜样作用将激励团队成员更好地履行自己的职责，形成正面的工作文化。

九、情商与人际关系：优秀的领导者需要具备高情商和优秀的人际关系能力[1]。他们了解自己的情绪，并能够控制和管理情绪，以保持冷静和稳定的工作状态。领导者还需善于处理人际关系，建立良好的工作关系和合作伙伴关系，以促进团队的凝聚力和协作效果。

十、创新与风险管理：领导者需要具备创新思维和风险管理能力。他们鼓励员工提出新的想法和创新，并营造一个支持创新的环境。同时，领导者也需能够评估和管理风险，权衡利弊，做出明智的决策。

十一、责任与公平：领导者应该具备高度的责任心和公平原则。他们要为自己的决策和行为负责，并且对组织的发展和员工的福祉承担起责任。领导者还应该坚持公平原则，对待员工公正，并给予他们平等的机会。

十二、危机应对与领导力发挥：在面临危机和挑战时，领导者需要保持冷静和应对能力[2]。他们要迅速做出正确的决策，有效地组织和调动资源，以化解危机并带领团队渡过难关。危机也是领导者展现领导力的重要时刻，通过积极地沟通和行动，他们能够激发团队的战斗力和凝聚力。

十三、持续学习和适应性：领导者需要保持持续学习和不断适应的心态。他们要关注行业的变化和新的发展趋势，并不断更新自己的知识和技能。领导者还要敢于接受新的挑战，积极适应变化的环境，并引领组织不断进步和创新。

以上是有关领导艺术的探讨，优秀的领导者需要具备广泛的知识、技能和智慧。他们需要洞察行业和市场的变化，善于沟通和影响团队成员，能够激励和激发员工的潜力，具备明确的决策和高效的执行能力，适应变

[1]　浅谈政治教学中怎样培养学生的情商《学术论文联合库》苏连奎

[2]　《毛泽东"三先三后"读书法》－－新传奇（期刊）

化并引领团队变革，注重培养人才和团队建设，展现高尚的道德品质和榜样作用，持续进行自我反思和学习[1]。通过不断地提升自己的领导能力，优秀的领导者能够引领团队取得卓越的业绩和成就。

总结起来，优秀的领导者具备持续学习和自我反思的能力。他们不断寻求反馈和改进，深入分析自己的行为和决策，以不断提高自己的领导水平。领导者认识到领导是一个不断演化的过程，并积极寻求发展和成长的机会[2]。

优秀的领导者具备宏观的视野和战略眼光，善于沟通和影响他人，能够激励和激发团队成员，具备明确的决策和高效的执行能力，适应变化并引领团队变革，注重培养人才和团队建设，展现出高尚的道德品质和榜样作用，并持续进行自我反思和学习。通过不断地磨炼和实践，领导者可以不断提升自己的领导能力，引领团队取得卓越的业绩和成就。

1.2 领导者的层次与管理模式

1.2.1 领导者的层次：

领导者有大小、层次之分。大到可以是一个国家，一个地区，一个民族，一个党派……这可以说是顶层的领导。

其次是行业、团体、企业、单位……这可以称领军人物的领导。再如基层、班组、团队……这个层面的领导是最基层的，或者可以叫干部。

顶层领导者的重心，主要是能把控趋势，掌握方向。中层领导主要就是，在总趋势或总方向确定的情况下，带好团队，创造业绩，基层干部主要就是，执行力[3]。

顶层领导在制定组织的长期战略目标时需要根据组织的愿景和使命制

---

[1] 当代大学生道德意志培养探析《学术论文联合库》黄惠萍

[2] 《朱熹的读书六法》- 晏建怀；—政策瞭望（期刊）

[3] 盘点：互联网营销的六项基本原则《学术论文联合库》

定实现这些目标所需的详细规划，还需要为公司的整体发展负责。在作出决策和规划方面，他们需要具备全局思维、远见卓识以及战略规划的能力。

首先，审视并确定组织的愿景和使命。了解当前的市场环境和竞争力，以明确组织的长期目标和愿景。通过这个过程，可以为组织设定战略方向，确保每个决策和规划都与组织的核心价值观一致。

其次，制定战略目标和规划。根据组织的愿景和使命，制定清晰、具体的战略目标，并为实现这些目标制定详细的规划[1]。确保战略目标能够引导组织的各项工作，并提供明确的路线图和行动计划。

第三，建立团队和文化。一个高效的团队是实现组织目标的关键。招募和培养优秀的人才，激励员工为组织的成功而努力。此外，塑造一种积极的文化氛围，鼓励开放沟通、创新和持续学习，以促进团队合作和员工发展。

第四，监督和评估业绩[2]。设立适当的指标和绩效评估机制，以监督组织的业绩表现。定期对业绩进行评估，并根据结果做出调整和改进。这有助于保持组织的有效运营，并确保实现战略目标[3]。

最后，与利益相关者沟通。与内外部的利益相关者积极沟通，建立良好的关系。了解他们的期望和需求，将其纳入决策过程中。这有助于建立合作伙伴关系，增强组织的声誉和信任度。

总而言之，作为顶层领导，应该具备全局思维、远见卓识和战略规划能力。通过审视愿景和使命，制定战略目标和规划，建立团队和文化，监督业绩并评估调整，并与利益相关者积极沟通，全面负责地推动组织的长期成功和发展。

中层领导的职责是将高级领导的战略目标转化为具体的操作计划，并在团队中推动执行。

首先，理解并传递高层战略。作为中层领导，需要全面理解高级领导的战略目标，并将其转化为具体的操作指导，以便团队成员能够理解和实施。

---

[1] 试析检察品牌战略在基层检察院建设中的应用 《学术论文联合库》 江伟松

[2] 《浅论"思维"的内涵与外延》– 朱宝贵 –《中学物理: 初中版》（期刊）

[3] 美国政府绩效评估对我国的启示 《学术论文联合库》 谭志军

确保能够和团队清晰地沟通战略目标并解释其重要性，使团队成员明白他们在整个组织中的角色和贡献 [1]。

其次，协调和管理资源 [2]。作为中层领导，需要协调和管理团队所需的资源，包括人力、财务和物资。确保有足够的资源支持团队的工作，并合理分配资源以满足战略目标的实现。同时，有效管理资源的使用，确保资源的最大化利用。

第三，激励和指导团队。作为中层领导，应该激励团队成员，激发他们的热情和积极性。与团队成员建立良好的关系，了解他们的需求和动机，并提供必要的指导和支持。帮助团队成员克服困难，鼓励成员发挥其潜力，以实现个人和团队的目标 [3]。

第四，促进合作和沟通。作为中层领导应该建立一个开放和透明的沟通渠道，促进团队成员之间的合作和信息流动。鼓励团队成员分享意见和想法，促进良好的团队氛围和合作精神。定期组织会议和交流活动，以提高团队的协作效率。

第五，监督和评估绩效。作为中层领导，应该监督团队的工作进展，并及时评估绩效 [4]。建立明确的绩效指标和评估体系，对团队成员的绩效进行客观评估。发现问题和瓶颈，并采取相应的措施进行调整和改进，以确保团队能够按计划达成目标 [5]。

作为中层领导，需要在将高层战略转化为行动计划方面发挥关键作用。

---

[1] 《以坚定的文化自信建设优秀企业文化》- 范宏平 —企业家信息（期刊）

[2] 《发展生产力的根本目的是人的解放和全面发展》- 周克庸 - 民主与科学（期刊）

[3] 《发展生产力的根本目的是人的解放和全面发展》- 周克庸 - 民主与科学（期刊）

[4] 《古代塾师的教育特点及对语文古诗词教学的启示研究》- 硕博 —伊犁师范学院

[5] 《"混合所有制"精神下诞生的"新型企业"——来自石家庄高新区供水排水公司关于"坚信共产主义理想，坚持社会主义原则"的"双坚"调查》- 石家庄高新技术产业开发区供水排水公司 —河北企业（期刊）

通过理解并传递高层战略、协调和管理资源、激励和指导团队、促进合作和沟通，以及监督和评估绩效，才能够有效地推动团队的执行力和绩效，实现组织的战略目标。

基层领导的职责是直接指导和管理一线员工的工作，确保任务的完成和质量的控制。

首先，指导和培训团队成员。基层领导应该提供必要的指导和培训，帮助团队成员理解工作要求并提高工作效率[1]。同时应与团队成员密切合作，了解成员的技能和需求，并相应地提供支持和指导。通过共享经验和知识，基层领导能够帮助团队成员提升技能并实现个人成长[2]。

其次，传达目标和期望。基层领导需要清晰地传达工作目标和期望，并激励团队成员为实现这些目标而努力。与团队成员沟通，确保每个人都明白自己的角色和责任。通过明确的目标设定和期望管理，以激发团队的积极性和动力，促进任务的完成。

第三，管理工作流程和资源。基层领导应该合理安排工作流程，优化工作方法，并分配适当的资源，以确保团队能够高效地完成任务。了解团队成员的技能和能力，并将工作分配给最适合的人。通过有效地管理工作流程和资源，提高整体工作效率和质量。

第四，激发团队士气。激励团队成员，鼓励他们克服困难，并认可他们的成就[3]。他们应该建立一个积极向上的工作环境，鼓励团队成员相互支持和合作。通过表扬和奖励，基层领导能够增强团队的凝聚力和士气，提高工作效率和员工满意度。

第五，解决问题和冲突。帮助团队成员解决工作中的问题和冲突，以确保工作的顺利进行。再倾听团队成员的意见和反馈，并采取适当的行动来解决问题。通过有效地解决问题和冲突，基层领导能够维持良好的团队关系，促进合作和协调。

---

[1] 基于农村中小学校长管理行为改变的培训模式研究 《学术论文联合库》李红

[2] 《好读书，不求甚解？古人都是如何读书的？》－－西域图书馆论坛（期刊）

[3] 论企业高层管理团队绩效的提升措施 《学术论文联合库》马彩凤

基层领导在直接指导和管理一线员工的工作方面发挥着重要作用。通过指导和培训团队成员、传达目标和期望、管理工作流程和资源、激发团队士气以及解决问题和冲突，基层领导能够确保团队的高效运作和任务的顺利完成[1]。这将促进组织的整体发展和成就。

不同层级的领导者在组织中扮演着不同的角色和职责。无论在哪个层级，领导者都应该具备相应的领导能力和素质，如沟通技巧、决策能力、人际关系管理等。他们应该根据自己的职位和权力等级，积极履行职责，与团队成员合作，达成组织的目标。通过有效的领导，一个组织可以发展壮大，并为员工创造更好的工作环境和机会。

1.2.2 领导与管理：

从广义上来看，管理行为是领导行为的组成部分。领导行为包括一些管理活动，一般把组织中的中层领导称为管理者，其领导行为称为管理活动。从狭义上看，二者有着本质区别，两者不能相互代替。管理可定义为：它是通过计划、组织、配备、命令和控制组织资源，从而以一种有用的、高效的方法来实现组织活动[2]。

领导与管理是组织中至关重要的两个概念，它们在实践中相辅相成、相互依存[3]。

领导是指影响、激励和引导他人以实现共同目标的过程[4]。领导者具有启发他人、鼓舞士气、提供方向的能力，他们能够通过自身的行为和价值观来影响他人。领导者通常具备以下几个特征：

1.视野和远见：领导者能够看到更远的未来，抓住机遇，制定战略性的目标和计划。

---

[1] 《古人经典读书法》- 潘春华 —写作（期刊）

[2] 过错与违法性关系辨析《学术论文联合库》田土城

[3] 关于金融法的二元结构《学术论文联合库》邢会强

[4] 《有关留守儿童的调查报告》－－大学生论文联合对比库

2. 激励和激发：领导者能够激励员工，激发他们的潜力和动力，使其全力以赴地为目标而奋斗 [1]。

3. 沟通和影响力：领导者善于沟通，能够清晰地传达意图，倾听他人的声音，并通过自身的行为和言辞来影响他人。

4. 反思和学习：领导者不断反思和学习，寻找改进的机会和方法，并将这些经验应用到实践中。

管理是指通过规划、组织、领导和控制等一系列活动来有效地利用组织资源，实现组织目标的过程 [2]。管理者通常具备以下几个职责：

1. 规划：管理者需要制定明确的目标和计划，并将其转化为行动步骤，以指导组织的运作。

2. 组织：管理者需要合理地分配和配置组织资源，确保各部门和个人之间的协调和合作。

3. 领导：管理者需要激励员工，提供指导和支持，确保团队朝着共同的目标努力。

4. 控制：管理者需要监控和评估组织的绩效，及时采取纠正措施，并对员工进行适当的奖惩。

领导是从管理中分化而来，但具有管理既不具备的特点，就是领导具有超脱性。领导重在决策，管理重在执行。两者的差异还在于：

(1) 管理侧重于处理复杂问题，领导主要处理变化问题；

(2) 管理强调微观方面，领导注重宏观方面；

(3) 管理人员强调专业化，领导的从业人员强调综合素质，整体能力；

管理的功能主要包括可预测性和维持秩序。管理者通过制定规章制度、安排资源和任务，以及监督和评估绩效等方式，实现组织目标的可预测性和稳定性。管理者致力于维持组织内部的秩序和协调，确保各项工作按照既定计划和标准进行，并解决可能出现的问题和冲突。

领导的功用则更具有可变性和变革性。领导者具备愿景和远见，能够

---

[1] 论激励领导者——马斯洛需要层次理论的视界 《学术论文联合库》 梅云凯

[2] 《孔孟儒学修身和入世思想对大学生价值观教育的启示》－林贵东 —大理学院学报（期刊）

激发员工的潜力和创造力。他们引领组织朝着新的方向发展，推动变革和创新。领导者通过鼓舞士气、激发激情和提供指导，影响和激励员工，使之在不确定和复杂的环境下适应变化，并促进组织的成长和发展。

在社会活动的实践中，管理和领导往往是相辅相成的。管理提供了组织和运营的框架和规范，使得组织可以高效运作和实现目标。而领导则能够赋予组织以动力和创新，推动组织不断进步和发展。

在社会科学的理论方面，管理和领导也是被研究和探讨的重要议题。管理学主要关注如何有效地组织、规划和控制，以实现组织的目标。而领导学则更关注领导者的特质、行为和影响力，以及如何激发员工的潜力和创造力。这些理论和研究成果对于组织和社会的发展具有重要的指导意义。

在实际工作中，管理者从事管理工作的同时，也承担了大量的领导工作，同样，领导者在进行领导的同时，也需要参与大量的管理工作[1]。领导者还是管理者这一角色是相对而言，同一职位，相对高层时是领导者，相对下属是管理者。成功的目标必须通过有效的管理才能实现，而管理的高效和优化必须在科学决策的指导下才能完成。所以要把科学的领导和有效地管理结合起来，才能顺利实现组织目标。

领导和管理在很多方面 37 是相互联系的。领导强调对他人的影响和激励，注重塑造组织文化和价值观，而管理则更加侧重于组织资源的有效配置和任务的执行[2]。领导者可以通过管理的手段来实现目标，而管理者也需要具备领导的素质，以便更好地影响和激励员工。

领导和管理的关系可以用一个简单的比喻来形容：领导者是舵手，管理者是船长。舵手负责指引航向，确保船只朝着正确的方向航行；而船长负责管理整个船队，协调船上的人员和资源，以确保船只安全、高效地航行。没有舵手，船只会失去方向；没有船长，船只则无法有条不紊地前进。

在实际应用中，优秀的领导者应该具备一定的管理能力，而出色的管理者也应具备领导的素质[3]。因此，现代组织通常寻求能够同时具备领导和

---

[1] 《"绝不把技术上的棘手问题上交"》- 陈为国 —中国石油企业（期刊）

[2] 论析亚当斯的公平理论 《学术论文联合库》 陈佳琦

[3] 浅谈产品新人的知识管理方法 《学术论文联合库》

管理技能的人才，这样的人才能够更好地推动组织的发展、培养团队的士气，并有效地应对市场环境的变化。

综上所述，领导和管理是两个相辅相成的概念。领导注重影响他人、激励团队，强调价值观和文化的塑造；而管理注重资源的分配和任务的执行，强调目标的实现和效率的提升。优秀的领导者应该具备一定的管理能力，而卓越的管理者也应具备领导的素质。只有在领导和管理相结合的情况下，组织才能够更好地实现目标，提高绩效，并取得可持续的发展。

1.3 中国古代三种领导方式

领导方式中可以分为：亲力亲为型、知人善用型、善用人心型，下面就用三个典型的人物例子来做一个简单的分析。

亲力亲为型

第一种：项羽式管理，主要在于亲力亲为，亲力亲为的领导往往能够通过自身过硬的本领快速得到下属的敬畏[1]。以项羽的两个事件为例——起兵反秦、巨鹿之战：

在秦二世元年，陈胜，吴广起义之时，项羽还跟着他的叔父项梁。在广招人才之时，项羽奉叔父之命取下了殷通的项上人头，更以一人之力抵挡了上百个殷通的部下。也是这一战让项羽的名声乍起。

再后来在巨鹿之战中，项羽在受任命率兵前往救赵途中，由于宋义长时间徘徊不再进军，项羽便果断杀了在帐中寻欢作乐的宋义，当上了上将军率领将士斩杀苏角，生擒王离，大破秦军[2]。在这个事件中，诸侯先是被项羽果断斩杀宋义所惊，后又因为他面对秦军以一敌百的气势所征服，最后对他产生了敬畏之情从而归附于他。

---

[1] 分析：互联网的闭环到底是什么？《学术论文联合库》

[2] 《煎饼侠》票房破10亿背后：8年IP养成，2亿元市场推广《学术论文联合库》

在前期，项羽凭借着自己的一腔热血和过硬的能力收服了不少将士，收获了不少的荣誉；在后期项羽又因为自己仅有一腔热血和本领葬送了自己的前途和生命。

在项羽年幼时，他的父亲就离世了，一直都是他的叔叔项梁带着他，教他读书，可他总是没学多久就放弃了；项梁教他学剑，他学了一阵就不学了，好不容易对兵法产生了兴趣，却也只是"三天的热情"。唯一让他坚持下去的便是他那份雄心壮志，但因为缺乏学习的毅力，缺乏精神力，一味地相信自己的能力，最终他的雄心壮志也就如同那劈开的竹节在火中炸裂那般，听得一声巨响便轰然倒地了 [1]。

项羽的成功离不开他过硬的实力，但是他却不懂得收买人心，能力过强容易遭人忌惮，只会让人想着超越，却不能让人真心诚意为他所用

知人善用型

第二种：刘邦式管理，主要是用人。和项羽的亲力亲为不同，刘邦的管理主要体现在有着一颗善于容纳的心，也懂得如何发挥部下的能力 [2]。

刘邦为人洒脱友善，不拘小节。在刘邦青年游历魏楚时期就结交了不少好友。其中有一个就是信陵君的门客——张耳，这个人在信陵君逝世之后招揽了大量的门客，在做起义军时就一直跟着武臣，后面武臣被杀，他又立赵歇为王，又被秦军所败，在项羽取得巨鹿之战的胜利后赢得了项羽的信任跟随项羽，做了常山王。但正是项羽这个举动，让他陷进了更大的困扰。因不满项羽的分封，陈馀对张耳因妒生恨，借兵攻打张耳，使得张耳不得不投靠刘邦。最开始的张耳并不愿意投靠刘邦，奈何刘邦和他有深厚的交情，又对他十分优待，渐渐地他也将心思投入进去，最后得到了一个理想的结果。

一般人面对朋友的敌人一般都是协助好友一起讨伐、复仇，但是刘邦

---

[1] 《中国创新型人力资本产权实现问题研究——基于制度与科技创新关系的视角》- 学位论文 姚程，— 西南财经大学：政治经济学 —西南财经大学（学位论文）

[2] 《试论先进生产力的生态化特征》- 马欣 —中共青岛市委党校（青岛行政学院学报）（期刊）

不同，他面对自己好友——张耳的仇敌陈余时，做的不是讨伐而是假杀张耳劝人加盟。

孔子曾经说过，"不以人举言不以人废言"，项羽在用人时不听取他人的建议，仅仅因为陈余没有随他入关就改封他为"侯"，导致张耳和陈余都离他而去。在这一点上，刘邦就做到了对事不对人，面对无奈投靠的张耳仍用真心对待他；面对张耳的仇敌，设计为陈余讨公道劝陈余入盟。

刘邦在用人方面和项羽有一个很明显的差别，史书中记载的项羽"巨鹿之战"诸侯是这样归服项羽的："诸将皆慑服，莫敢支吾。"和"项羽召见诸侯将，入辕门，无不膝行而前，莫敢仰视[1]。"而对刘邦史书是这样记载的："独沛公素宽大长者，可遣。"从这两处的对比就可以看出，大家对项羽的信服是认可他的能力，但是不从心里归服；面对刘邦，大家是从心里认可他的处事，自愿与他一起共事。

善用人心型

第三种：刘备式管理。主要是偷心，好得民心者得天下。在用人方面，刘邦和刘备都做到了，但是在人心方面，刘备稍胜一筹[2]。

从两人手下的大将说起，萧何、韩信、张良是刘邦手下的三名开国功臣，被誉为"汉初三杰"可最后都没有陪刘邦走到最后。

韩信最初是在项羽手下，因为没有得到重用，投靠了刘邦，后面又被萧何举荐，官拜大将军。起初的韩信对刘邦十分忠诚，还拒绝了反汉联楚，三分天下。可最后是真心付诸东流，在项羽兵败后，刘邦解了他的兵权，又被萧何和吕后设计陷害，剿灭三族不得善终。

张良本来是韩国贵族，在跟随刘邦过程中，他靠着自己卓越的才能，协助刘邦建立自己的势力。也是在这个过程中，他看清了刘邦的本质，选择了在刘邦胜利，天下大定时，选择归隐，就如此孑然一身地走完自己的一生，虽未得到高官，也未实现复兴祖国的心愿，却也是得到了善终。

萧何是从刘邦起家时便跟随着刘邦的，他陪着刘邦打天下，建立起了

---

[1] 巨鹿之战详解能成功,并不主要靠破釜沉舟!_看看头条_中华网

[2] 历史与演义：周瑜的赤壁火攻属于吴人虚构《学术论文联合库》胡小伟

大量的军队收获了大量的物资，是刘邦坚实的后盾。原本廉政爱民的他却因为刘邦的猜忌，听信谗言，走上了自己的讨厌的路——以强抢民地，贪污受贿来苟全性命，最后病逝……

反观刘备的身边的几个：关羽、张飞、诸葛亮。这三人的情谊都十分深厚，从未产生对刘备的反叛之心，都在尽力辅佐他，甚至诸葛亮还在刘备死后甘心辅佐他的孩子，最后因病逝世。

《三国志》中对关羽和刘备的评价都是"形同手足"，又可以形容为死忠[1]。不同于刘邦的是，刘备没有辜负关羽的这一片忠心，一辈子都信任关羽毫不动摇。在关羽兵败被杀后，曹操将关羽的首级送回洛阳，使其魂归故里，原来在攻打魏国的刘备因为曹操这一举动，也转而攻打吴国了。

张飞性格粗放，豪气冲天。和刘备一直以兄弟相称，他也是最早跟着刘备的人，为刘备打下了不少的胜仗。可惜在关羽死后，张飞悲痛万分，终日饮酒，怒气更生，遇上有过失的将士还经常鞭打他们，以至于经常有将士惨死在他的怒气之下。最后失了人心，在伐吴中急着报仇再次鞭打手下，被手下刺杀在帐中。

诸葛亮是三人中结局最好的，不同于张飞关羽，诸葛亮和刘备更多的是君臣关系。在刘备"三顾茅庐"后被刘备的真诚所打动，为刘备"鞠躬尽瘁，死而后已。"多次解救刘备于危难之中。在关羽死后，刘备悲痛欲绝，不听群臣劝阻，前往伐吴最后兵败，在白帝城托孤于诸葛亮。诸葛亮在接受了这一使命，也是尽力辅佐刘备的孩子，没有半点反叛之心，最后病逝……

一方面是"恩若兄弟"，另一方面是猜忌分离。两人在面对自己的下属时所用的心思不同，所产生的反响也不同。也是通过这些，我们可以得出一些创业的启示：

三人的管理模式不同，产生的反响也不同，有好有坏。

项羽的能力强悍，能够快速解决事件，震慑人心，让众人归服，却不能让众人从心底归服，且因为他的能力过于强悍压过了众人，使得众人没有发挥的空间。例如韩信，正是因为在项羽地方得不到重视才归服于刘邦。

---

[1] 《山东省限制开发区绿色发展效率时空格局与驱动机制研究》- 学位论文 许丽梦，- 曲阜师范大学：地理学；人文地理学 —曲阜师范大学（学位论文）

刘邦的用人能力强悍，可以暂时化干戈为玉帛，收拢人才，却不能让众人长久为他卖命付出。虽然他能让陈馀暂时加盟，却也只是暂时的，在陈馀识破了张耳假死的计谋后便不和刘邦往来了，刘邦能识人，用对人，但是在维护长期关系上仍有不足，不能完全信服手下，也不能完全让手下信服。

正所谓用人不疑，疑人勿用。既然"疑人"便要想办法，让人变得忠诚[1]。

刘备擅长偷心，从最早的一无所有，到后面的地位。一路上少不了众多好友的帮助，但是他太重感情，太重感情的人容易被感情所利用。例如在关羽兵败一事上，因为感情用事最后重伤逝世。

初创时采用项羽式，发展到一定规模用刘邦，企业大了可采用刘备式。

在初创阶段，企业的框架和运营模式还未完全成形，领导身先士卒，亲自着手做决策，做业务能够更好地组成企业架构，在企业中期，有了一定的规模之后便要着手培养手中的人才，完善了人才网，将权力下分，企业的器官也便运作起来了[2]。但是在这个过程中，要时刻留意整条"器官"是否可以开始运作，中间的"血管"是否通畅，即，手下的人才是否足够熟悉企业的架构，是否能够独立完成手中的业务。如果不能，很有可能会因为一个环节的停滞而导致整个生产工作停滞，最后积压成本。一样的，如果部门和部门的衔接工作不能得到完善，整个生产工作就会越做越乱，导致"器官"的罢工，那样带来的损失也是十分大的[3]。

在所有的"器官"和"血管"都做好了运作的准备时，便要分辨"器官"的运作功率，"血管"的最大容量，即，懂得识人。面对不同部门的人给予不同的工作，面对不同能力的人给予不同程度的工作量，以保证工作高效率进行。与此同时，完善整体企业培训架构，做好"器官""血管"升级准备，

---

[1] 《水浒传》中失陷生辰纲责任之分析《学术论文联合库》张玲秀

[2] 《社会主义：启示了什么？》- 许耀桐 —中国浦东干部学院学报（期刊）

[3] 《关于"科学技术是第一生产力"的研讨观点十年综述》- 孙来斌；彭旺林 —河南师范大学学报（哲学社会科学版）（期刊）

在工作中学习，在学习中工作，强大企业队伍，提高员工整体素质。这便是一定规模的企业需要学习刘邦的点。

在五脏俱全且身体素质强大后，即企业做大后，便要注意劳逸结合，员工关怀。合理休息，不仅能够调节员工状态保障员工精神面貌，还能降低生产环节错误率，提高企业整体生产效率。

综上所述，可以看出，众人对领导这一概念各不相同，但通过各个学者的表述结合实际事例，可以帮助全面理解领导的概念的实质。在汉语中，"领导"这个词既可以作为名词，也可以作为动词。而在英语中，leadership和 leader 是两个不同的概念，leadership 通常指一种能力或技能，而leader 则是拥有这种能力或技能的人 [1]。

在组织管理中，领导和领导者的角色和功能往往是相互交织的。领导者不仅要具备领导能力和领导素质，还需要能够在组织中扮演领导的角色，发挥出自己的影响力，推动组织实现目标。同时，组织中的其他管理者也需要具备一定的领导素质和能力，以便协助领导者实现组织目标，维持组织稳定和协调 [2]。

实际领导者是实施领导行为的人，而领导则是领导者实施领导行为的过程。领导行为是关键，正是领导行为造就了领导者 [3]。凡是实施了领导行为的人，都是真正意义上的领导者。换句话说，处于"领导者"岗位上的人的行为并非一定属于领导行为，而处于非"领导者"岗位上的人的行为也并非都不属于领导行为。领导行为是一个动态的过程，受到多方因素的影响。领导者、被领导者和环境之间的相互作用决定了领导行为的有效性。

领导者在整个过程中起着主导作用，他们通过展现领导能力，激发并引导被领导者的行为和潜力。领导者的特质、行为和决策方式都会影响到领导效果 [4]。同时，被领导者也是领导行为的重要对象，他们的知识、技能、

[1] 《图书馆与名人成长实录》- 敖芬 - 农业图书情报学刊（期刊）

[2] 《毛泽东个性发展教育观及其当代意义》- 学位论文 王先达，- 福建师范大学：教育史 - 福建师范大学（学位论文）

[3] 打击索马里海盗中的国际合作问题研究《学术论文联合库》

[4] 《作为历史著作的〈西行漫记〉》- 毛新 - 福建论坛(人文社会科学版)（期刊）

态度和动机等因素会对领导行为产生影响[1]。另外，组织环境也会对领导行为产生重要影响，包括组织文化、组织结构、资源支持等方面。

此外，领导行为是有目的地活动。领导者通过指引、激励和影响被领导者，使其朝着团体或组织的目标努力。领导者需要在实现组织目标的同时，关注员工的需求和发展，并协调各方利益，使得整个团队或组织能够达到更好的绩效和成果[2]。

因此，在研究领导行为时，需要综合考虑领导者、被领导者和环境等多个因素的作用及相互关系，以便更好地理解和实践有效的领导行为[3]。

根据以上分析。领导可表述为：领导是在一定条件下，指引和影响个人或组织，实现某种目标的行动过程。其中，把实施指引和影响的人称为领导者，把接受指引和影响的人称为被领导者，一定的条件是指所处的环境因素。领导的本质是人与人之间的一种互动过程。

本章小结

本章的主要内容是解释什么是领导。在英语中名词领导和动词领导是二个单词，二层意思。而中文的领导既可以是动词，也可以是名词。

很多人提到领导第一印象就是领导者，这是名词概念。动词概念是把领导者的行为称为领导。领导的行为是关键，正是领导行为造就了领导者。凡是实施了领导行为的人（即使他不是名义上的领导者），实际上他已是真正意义上的领导者。换一句话说，处在"领导者"地位的人的行为并非一定属于领导行为，而处于"非领导者"地位的人的行为也并非都不属于领导行为。

领导行为由三个因素构成，即：领导者，被领导者，组织环境。

---

[1] 《中国传统的马克思主义化——毛泽东著作中的中国古典文献研究》- 学位论文 姚兴强，—中共中央党校：硕士 —中共中央党校（学位论文）

[2] 《杨昌济留学教育思想与影响探析》- 莫斐雅 - 当代教育论坛（综合版）（期刊）

[3] 《从呼唤"赛先生"到迎接知识经济的挑战——纪念"五四"运动周年的一些断想》- 王兆铮 —成都行政学院学报（期刊）

领导可表述为：领导是在一定条件下，指引和影响个人或组织，实现某种目标的行动过程。其中实施指引和影响的人称为领导者，把接受指引和影响的人称为被领导者，一定的条件是指所处的环境因素。领导的本质是人与人的一种互动。

第二章
第一生产力

2.1 什么是生产力？

生产力，又称社会生产力，是社会实践能力的最终结果。简单来说就是生产力：即人 + 工具 = 生产力。

从人加工具等于生产力的角度说，可以理解为生产力由三个要素组成：劳动者、劳动资料（劳动资料：人们用来影响和改造工作对象的所有材料的总和，包括生产工具、土地、建筑、道路、河流、仓库等）以及生产工具。

从横向看生产力，生产力分为个人生产力、企业生产力和社会生产力；纵向上，生产力分为短期生产力和长期生产力；层面上，生产力分为物质生产力和精神生产力。

除了物质生产力和精神生产力，还可以从生产关系的角度来阐述生产力，例如生产关系与生产力的相互作用和影响[1]。

生产关系是指人们在特定的历史条件下进行生产活动时所形成的社会关系[2]。它包括了所有参与生产过程的人们之间的关系、他们对于生产资料的占有和使用方式、劳动分工和劳动组织形式等。生产关系决定了人们在生产中的地位和角色，并对个体和整个社会的发展产生深远影响[3]。

生产关系和生产力之间存在着辩证关系。生产力是由生产关系推动和限制的，而生产关系则是在一定程度上适应和调整生产力发展的要求。这种相互作用和相互制约的关系决定了社会经济的运行和变革。

生产关系对生产力的推动起着关键作用，它以不同形式会对生产力的发展产生影响。例如，在封建社会中，土地私有制和严格的等级制度限制了农业生产力的发展，而资本主义社会中的私有制和市场经济为工业革命和科技创新提供了条件，推动了生产力的迅猛发展。同时，生产关系中的

---

[1] 对形成新型生产关系要有新的全面认识 《互联网文档资源》

[2] 《毛泽东对十月革命的认知及其历史启示》- 张俊国 - 毛泽东研究（期刊）

[3] 理论学习 | 对形成新型生产关系要有新的全面认识

劳动形式、分工程度以及激励机制等也会对人们的工作效率和创造力产生影响，进而影响生产力的提高 41。

　　生产力的发展也会对生产关系产生反作用。当生产力达到一定水平时，它会引发对生产关系的变革需求 [1]。例如，工业革命带来的生产力突破和大规模生产的出现，使得封建体制无法适应新的生产方式，推动了资本主义社会的形成。类似，随着信息技术的发展，互联网和数字经济的兴起，对传统的生产关系提出了新的挑战和诉求。

　　生产关系的稳定与调整也是为了优化和提高生产力的发展 [2]。各种社会形态下的生产关系都有其自身的合理性和历史局限性 [3]。在一定阶段下，生产关系可能有效推动生产力的发展，但随着生产力的进一步提高，生产关系可能会出现矛盾和制约。此时，社会需要对现有的生产关系进行调整和更新，以更好地适应生产力的发展要求。例如，在资本主义社会中，工人阶级通过工会运动争取权益，推动了劳动法律和社会福利制度的建立，从而促进了生产力的增长。

　　综上所述，生产关系和生产力之间存在着复杂的相互影响和作用。生产关系对生产力的推动和限制，以及生产力的发展对生产关系的变革需求，决定了社会经济的发展轨迹。理解和合理处理生产力与生产关系之间的关系，对于社会经济的可持续发展具有重要意义 [4]。

2.2 什么是先进的生产力

　　先进的生产力简单地说就是具有先进的思想和优秀能力的人使用先进的工具所产生的先进生产力（优秀的人 + 优秀的工具 = 先进的生产力）。

　　先进生产力更系统地表述为：具有时代特征和比较优势的生产力，它

[1]　转自学习时报：新型生产关系"新"在哪儿

[2]　《古人读书方法》- 汪翔 —开卷有益：求医问药（期刊）

[3]　《中国企业文化自信与企业发展》- 唐任伍，马宁—企业文明（期刊）

[4]　理论学习 | 对形成新型生产关系要有新的全面认识

具有前瞻性，能最有力地推动生产的发展，同时也最有利于人类的解放和普遍进步。

从企业角度来阐述：当一个优秀的领导者创造出一个能够根据市场变化自动调整战略的团队时，那么他们所产生的生产力是远远优于传统团队的，且能为企业降低更少的成本。

一般来说，先进生产力既是绝对的，也是相对的，是绝对与相对的统一。绝对性是指先进生产力的高技术、开拓精神、高效率以及在各个时代的革命性特征。相对性是指先进生产力是一个具体的历史范畴，生产力的发展是一个先进生产力不断取代落后生产力的历史过程。在发展的过程中，先进生产力是相对于已经倒退的生产力而言的[1]。

先进生产力作为一个世界性的概念，具有世俗性和历史性等特点，这意味着在不同国家或历史时期，先进生产力的含义、特点、结构、功能和发展模式都有所不同[2]。而从生态学角度出发，先进生产力的发展应该遵循可持续发展的原则，符合生态文明的导向，以实现经济发展和生态环境保护的平衡发展。总之，对先进生产力的多维度理解有助于我们更好地把握科技革命和社会变革的趋势，推动经济高质量发展和生态文明建设。

面向生态生产力综合体的活动成果具有积极的价值和效益，可以促进人类社会、经济和自然综合体在新世纪的可持续发展。

先进生产力的概念，就主体工作的要素而言，指的是人才，它区别于普通工作；就生产资料的要素而言，指的是先进的生产资料，它区别于普通生产资料；就生产力整体而言，指的是先进的生产力，它区别于普通生产力[3]。

因此，把先进生产力作为一个概念提出来，以区别于生产力的概念，是合理和必要的。就先进生产力的内涵而言（假设存在工作对象），至少应

---

[1] 《建设个性企业文化 提高企业核心竞争力——广西区邮电规划设计院企业文化建设实践与思考》- 杨祖怀；许兆霞 - 经济与社会发展（期刊）

[2] 《基于企业文化培育中职学生职业素养研究》- 学位论文 庞焕美，- 湖南大学：教育管理 —湖南大学（学位论文）

[3] 作文备考：新质生产力

包括五个方面：一是创新思维；二是理论成果；三是科学技术；四是环境保护；五是合作与共享。这五个方面是有内在的联系的。科学技术是社会应用的理论成果；理论成果是科学理论化的创新思维；科学协作是指劳动者在应用创新思维、产生理论成果、利用科学技术改造劳动对象的社会实践过程中的高级合作机制。创新思维是理论成果和科学技术创造性转化的基础和前提，科学合作是前三者互动与转化的外部条件。

2.2.1 创造性思维与主体的生活特质直接相关

一个人的生活特质"包括但不限于身体健康、灵活性、心理反应、文化知识、思维、技术能力、经验方法等"。一个不可否认的事实是，由于人们的个性（如意志力）和社会环境（如教育、社会经验等）的不同，人们的创造能力也不同，这些差异在一定条件下是可以区分的。因此，在这种情况下，"创新思维"指的是某种经过培养的思维方式，它比普通员工的创新意识更稳定、更自觉、更有自我导向。人才是这种创新思维的载体。人才不仅是创新思维的载体，也是创新思维的对象。应用创新思维的过程是人的创造性工作。创新工作不是一个时间点，而是一个过程。从工作主体的角度看，这个过程分为潜在阶段和实际阶段，这取决于创新思维是否被社会化。创新工作的潜在阶段是指创新思维的运动及其客观化但尚未社会化的产品（如手稿、笔记等），这与个人的生活直接相通；创新工作的实际阶段是指社会化的理论成果（如发表的论文、著作等）和科学技术（如互联网、计算机、移动电话、5G 等）[1]。从本质上讲，人才在创新工作的潜在阶段向实际阶段的过渡中起着关键作用。从工具的角度来看，理论成果、科学技术、创新思维的对象化、创新思维的物质化。理论成果与科学技术的区别在于，前者是尚未获得社会现实的科学技术，其载体主要是理论文本（如政策、方案等），是隐性的潜在生产资料；而后者是已经得到社会应用的理论成果，其载体直接表现为现实的生产资料（如智能生产设备等）[2]。

---

[1] 《领导力早期发展的初步探索》- 学位论文 王芳，- 华东师范大学：领导教育学 —华东师范大学（学位论文）

[2] 《布鲁诺再认识——耶兹的有关研究及其启示》- 刘晓雪刘兵 - 自然科学史研究（期刊）

先进生产力是指注重发展人的生产能力，其组成部分是不断更新和发展的知识、技术、能力、意识等，表现在改造和利用自然的过程中。先进的生产力并不一定意味着生产资料和科学技术等物质要素已经高度发达，而是指在上述条件下，劳动者的认知水平和生产能力不断提高，科学技术和生产资料更加先进，工作组织形式不断创新的动态过程。先进的生产力主要包括以下几个方面。人与自然、人与人之间更深入、更和谐地互动，取决于人的认知能力的提高，必须不断提高认知能力的广度和深度。这种认知包括对自然的认知，对人类个体和群体的认知，对新的环境和新的生产方式的认知，等等。

2.2.2 先进的知识创新能力

知识积累、使用和创新是人类发展的前提条件，先进知识的创新是先进生产力的重要组成部分。历史表明，知识积累较多的国家，社会文明程度较高；知识、技术、制度创新领先的国家，生产力水平最先进，财富增长最快，经济结构和形态较好。

知识创新能力也是个人或组织利用已有知识、经验和资源，并通过创造性思维和行动，产生新的知识、理念、方法或产品等的能力。这种能力与生产力之间存在密切的联系和相互促进的关系。在现代社会，随着科技的迅速发展和知识经济的崛起，知识创新能力已成为重要的竞争优势和推动经济增长的关键因素之一。

首先，知识创新能力可以提高个人和企业的生产力。通过创新能力的发挥，个人和企业能够开发出更加高效和优质的生产方法和工具，提高生产效率和产品质量。例如，利用先进的技术和工艺创新，企业可以降低生产成本、缩短生产周期，并提供更具竞争力的产品和服务。同时，创新能力还可以促使个人和企业不断改进和优化现有的生产过程，提高资源利用效率，实现生产力的提升 [1]。

其次，知识创新能力可以推动技术进步和产业升级。在现代经济中，技术进步是推动经济增长和社会发展的主要驱动力 [2]。而知识创新能力是技

---

[1] 科技创新对企业绩效的影响分析

[2] 为人工智能人才培养夯实基础 _ 教育频道 _ 央视网 (cctv.com)

术进步的源泉和核心能力。通过创新能力，个人和企业能够不断研发新技术、新产品和新服务，推动产业结构的升级和转型。这种创新能力可以促进技术的跨越式发展，引领行业的创新潮流，提高整个经济体系的生产力水平。

此外，知识创新能力还可以促进经济的可持续发展。在资源有限和环境压力增大的情况下，知识创新能力可以帮助个人和企业开发出更加环保和可持续的生产方式和产品。通过创新能力，可以实现资源的有效利用和能源的节约，减少对自然环境的损害。例如，通过发展清洁能源技术和绿色制造技术，可以降低能源消耗和碳排放，推动经济的绿色转型和可持续发展[1]。

最后，知识创新能力还可以提高个人和组织的竞争力和适应能力。在快速变化和不确定性增加的市场环境下，只有具备创新能力的个人和组织才能够应对挑战，赢得竞争。通过创新能力，个人和组织可以及时获取新的知识和信息，灵活调整业务模式和战略，抓住市场机遇并应对风险挑战。这种创新能力可以帮助个人和组织实现快速成长和长期发展。

综上所述，知识创新能力与生产力之间存在着紧密的联系。通过发挥知识创新能力，个人和组织可以提高生产效率、推动技术进步、促进经济可持续发展，并提高竞争力和适应能力。因此，我们应该重视知识创新能力的培养和提升，不断学习和掌握先进的知识和技术，积极推动创新思维和行动，在实践中不断提升自己的创新能力，为个人和社会的发展贡献力量。

2.2.3 通过先进的科学技术进行创新的能力

人类的生产总是需要不断使用新的科学技术方法和工具。先进的科技创新能力是转变生产方式和保持先进生产力的必要条件，也是了解和改造社会的重要价值所在。生产力的发展必须建立在劳动者的高度认识和科技创新的基础上。

通过先进的科学和技术进行创新的能力与生产力之间存在着密切的关系和相互促进的作用。本文将从科学和技术创新的意义、科技创新对生产力的重要作用以及如何提高科学和技术创新能力等方面展开阐述。

首先，科学和技术创新的意义在于为社会和经济发展提供新的动力和

---

[1] 《这种思维比知识更重要》- 木林 —祝您健康（文摘）（期刊）

推动力。科学和技术的不断创新可以带来新的发现、新的理论和新的方法，拓宽人类对世界的认知和掌握，推动人类文明的进步。同时，科技创新也是经济增长的关键因素之一。通过科技创新，可以研发出新的产品和服务，提高生产效率和质量，降低成本，增加市场竞争力，进而推动整个经济体系的发展。

其次，科技创新对生产力的提升有着重要的影响。通过科技创新，可以引入先进的生产工艺和设备，实现生产方式的转型和升级。先进的生产工艺和设备可以提高生产效率，减少人力和物力资源的消耗，降低生产成本，提高产品的质量和竞争力。科技创新还可以开发出新的产品和服务，满足市场需求，扩大市场规模，为经济增长提供动力。因此，科技创新成为推动生产力不断提升的重要驱动力[1]。

如何提高科学和技术创新能力呢？首先，我们需要加强科学知识的学习和积累。通过系统学习和掌握基础科学知识，才能够理解和应用科学原理，进行科学研究和工程技术开发。此外，还应该关注前沿科学领域的最新成果和发展动态，保持对科技发展的敏感性和洞察力。

其次，创造性思维和跨学科合作也是提高科学和技术创新能力的关键。创造性思维是指能够独立思考、具有创新意识和创新思维方式的能力。在科学和技术创新中，需要有突破传统思维模式的勇气和创造性的思维方法。而跨学科合作则是指不同领域专家之间的合作与交流。通过跨学科合作，可以将不同领域的知识和技术有机结合，促进科技创新的交叉融合，开辟新的研究方向和解决问题的途径。

此外，政府和企业应该加大对科学和技术创新的支持和投入。政府可以出台相关政策和措施，推动科技创新的研究和开发，提供资金支持和税收等优惠政策，为科技企业和创新团队提供良好的创新环境和条件[2]。企业可以积极引进和培养科技人才，鼓励员工的创新思维和实践，建立创新激励机制，加强与科研机构和高校的合作，提升自身的科技创新能力。

最后，重视知识产权保护也是提高科学和技术创新能力的重要方面。

---

[1] 2《影响自身发展的因素及策略》- 张慧茹 —才智（期刊）

[2] 企业扶持资金政策

知识产权的保护可以激励创新者的创新活动，保护其合法权益，提高创新的积极性和投入。同时，加强知识产权保护还可以鼓励科技成果的转化和应用，促进科技成果的产业化和商业化，实现科技创新的经济效益和社会效益的双赢。

综上所述，通过先进的科学和技术进行创新的能力与生产力之间存在着紧密的关系。科技创新是推动经济增长和社会发展的重要驱动力，科技创新对生产力的提升有着重要的影响。为了提高科学和技术创新能力，我们需要加强科学知识的学习和积累，培养创造性思维和跨学科合作能力，加大政府和企业的支持和投入，重视知识产权保护[1]。只有不断提高科学和技术创新能力，才能够更好地应对挑战，实现可持续发展。

2.2.4 先进的合作关系

由于生产的社会化，几乎所有工作都与必要的分工和合作密不可分。因此，劳动者的劳动能力不仅包括他们自己的意识、知识和科技能力，而且还体现在他们的合作能力上。

一般来说，合作产生的生产力是"总生产力"，它远远高于个人的生产力，否则就不会有合作的动力和机会。先进的合作关系应包括合作者之间的合同规范，合作的内容、手段和形式等。一般要求是公平的利益，明确的权利和责任分配，以及个人努力使合作的效用和利益最大化。在社会主义市场经济中，先进合作关系中的劳动者促进了合作主体的利益平衡，促进了资源要素的充分利用，促进了合作利益和社会总产出的最大化。

先进生产力作为一种体现在劳动者身上的能力，最重要的要求是先进的生产关系与之相适应，使劳动者能够发挥自己的劳动能力，并在其中实现利益最大化。反之，如果生产关系与生产力不相适应，劳动主体就会提出改革生产关系的要求[2]。先进的生产力作用于生产关系的机制可以表现在三个方面：

---

[1] 我国公共租赁住房制度的政策法律分析——基于公共租赁住房市场化的分析视角

[2] 把握人际关系网，巧妙利用资源赚大钱

首先，劳动者既是生产力的主体，也是生产关系的主体[1]。先进的生产力通过人作为劳动者感知、评价甚至更新他根据自己先进的劳动能力所处的生产关系的能力来决定生产关系。另一方面，生产关系通过阻碍或刺激被置于其中的劳动者的劳动积极性和对劳动能力的有效利用，阻碍或鼓励先进生产力。

显然，劳动者是生产力和生产关系及其互动之间的关键环节。劳动者之所以占据如此重要的地位，发挥如此重要的连接作用，主要是因为他们既是生产力的主体，又是生产关系的代理人和主体[2]。后者也很明显，因为生产关系本质上是人们通过工作产生的关系。

其次，劳动者所处的地位，使他们能够在生产能力提高的情况下，亲身感受到现有生产关系对他们的影响，从而提出适当的要求。在生产过程中，劳动者作为有意识、有目的的人，对他们所进入的生产关系，包括他们自己，既不是漠不关心，也不是无动于衷，他们知道自己在实际生产关系中的地位，知道自己的能力是否得到自由和充分的发挥，知道自己的利益是否得到充分的实现。但是，只有在生产力的发展和劳动技能的提高之后，劳动者才能够对现有的生产关系作出价值判断和创新决策。当劳动者认为现有的生产关系是不合理的，如对劳动潜力的压制，对劳动成果的不合理分配，对利润的不合理占有，他们就会对现有的生产关系表示不满，并有强烈的愿望和要求来改变这些关系。这种情况在世界历史上的许多社会制度变革中得到了充分体现。中国目前轰轰烈烈的改革，反映了所有劳动者对改善生产关系的渴望，这也是他们的根本利益所在。

不先进的或落后的生产力不可能对适应的生产关系有新的认识，也不可能要求创新。如果新的生产关系能够满足劳动者的利益要求，更好地促进生产力的发展，那么，劳动者自然会反过来想要维护、巩固和稳定这些生产关系。

第三，拥有先进生产力的劳动者不仅可以要求改变生产关系，还可以提出改变生产关系的合理途径。在一个特定的社会体系中，生产关系和生产力之间可能存在这样或那样的矛盾，人们之间的经济利益关系需要进一

---

[1]　对形成新型生产关系要有新的全面认识

[2]　对形成新型生产关系要有新的全面认识

步调整和完善。这取决于生产关系在多大程度上阻碍和限制了生产力的发展。自然，改革生产关系而不根据先进的生产力进行调整，需要足够的勇气，这主要取决于劳动者的生产能力的发展水平。如果劳动者不具备一定的成熟度，就无法实现生产关系的积极变革。

在中国经济体制改革过程中，中国共产党作为团结广大先进工作者的先进生产力的代表，有能力、有智慧对阻碍先进生产力发展的生产关系进行顺利、有效地变革，实现经济社会的全面、可持续发展。

关于评估先进生产力的标准：

一方面，先进生产力可以从文明的发展水平上考虑。较高的生产力水平可以确保一个文明的发展更有力量，促进文明的直接发展，给文明以更强的推动力，同时确保文明朝着正确的方向发展，并能长期持续。

第二个方面是科学和技术。现代生产力体系包括与自然和人类相关的多种成分，其智力成分，特别是科技因素越来越重要，先进生产力的发展主要是通过科技的发展来实现的，科技是重要的生产力，成为先进生产力的直接指标 [1]。

当谈及促进先进生产力发展的标准时，有一些观点强调了三个关键因素：是否促进了生产力科技特征的发展、是否促进了生产力对人类和社会整体发展的推动作用以及是否促进了生产力整体上符合生态进化规律的发展。其中，第三个因素被认为是最基本、最核心的。它决定了当今先进生产力的整体演进路径 [2]。

另一种观点则认为，先进生产力必须合理处理生态系统，使其逐渐适应人类的生存和发展，并持续满足生产系统的需求，从而推动经济的可持续快速增长。这种观点认为，生态系统作为先进生产力，在满足生产需求的同时，也需要与之协调，以创造更好的生态环境。

先进生产力代表了人类改造和协调自然的能力，以获取物质生产资料并创造更优良的生态环境 [3]。另一种观点则认为，与基于权力和经验的生产力主体相比，智力型的生产力主体代表了现代先进生产力。从生产力结构

---

[1]　先进生产力的主要标志

[2]　中国共产党发展先进生产力的历史探索、基本经验与当代启示

[3]　2024 秋国开电大《毛概》大作业试卷 B 参考答案二

的角度来看，知识经济相对于农业经济和工业经济代表了现代先进生产力。而从生产力功能的角度来看，和谐生产力相对于生存和征服型生产力代表了现代先进生产力。

习近平总书记强调了五大发展理念，即"创新、协调、绿色、开放、共享"这应该是当下最全面的理念和方向。

2.2.5 关于新质生产力

最近，特别是两会有一个热门的话题，叫新质生产力。

什么叫新质生产力？解释不完全相同，有网上文章这么解释：新质生产力是以科技创新为主导、实现关键性颠覆性技术突破而产生的生产力，不同于传统生产力，需要新的生产关系与之相适应。一、新质生产力的内涵特征：新质生产力是一个内涵丰富、意蕴深厚的经济范畴，代表着一种生产力的跃迁，是科技创新在其中发挥主导作用的生产力，尤其是关键性颠覆性技术实现突破的生产力，具备高效能，体现高质量，是摆脱了传统增长路径、数字时代更具融合性、更体现新内涵的生产力。准确理解新质生产力的内涵特征，需要从新和质两个方面进行把握。

新，是指新质生产力不同于传统生产力，是以新技术、新经济、新业态为主要内涵，并且实现关键性颠覆性技术突破而产生的生产力。

新质生产力锚定关键性颠覆性技术的突破。我国在战略性新兴产业和未来产业等领域仍然存在技术创新短板，面临着西方发达国家在产业体系中重要产业的关键核心技术卡脖子难题，阻碍了现代化产业体系的构建和高质量发展[1]。新质生产力强调以关键性颠覆性技术突破抢占战略性新兴产业和未来产业的新赛道，进一步提升我国自主自强创新能力，从而打破西方国家的技术封锁。

新质生产力以新技术、新经济、新业态为主要内涵。在科技是第一生产力的基础上强调关键性颠覆性技术突破，超越了传统意义上的技术创新，代表着新质生产力的关键性技术维度；新经济强调通过科技创新与制度创新形成新的经济结构和经济形态，实现了从技术到经济的衔接，代表着新质生产力的经济维度；新业态注重以数字科技推动传统产业的数字化升级

---

[1] 推动战略性新兴产业发展？开辟未来新赛道（上）（中）（下）

和数字技术的产业化发展，完成了先进技术向高端产业的转化，代表着新质生产力的产业维度。

新技术、新经济、新业态构成理解新质生产力的三重维度 [1]，为战略性新兴产业和未来产业的发展提供了坚实着力点和新的增长点。在这种意义上，新质生产力体现了技术新突破、经济新发展、产业新升级的有机统一 [2]。

质，是强调在坚持创新驱动本质的基础上，通过关键性技术和颠覆性技术的突破为生产力发展提供更强劲的创新驱动力。新质生产力的本质是创新驱动，而这种创新驱动的关键在于关键性技术和颠覆性技术的突破。这种关键性技术和颠覆性技术的突破将通过与劳动者、劳动资料和劳动对象的结合实现其在生产中的应用，从而产生新的更为强劲的创新驱动力。

科技作为新质生产力的集中体现与主要标志，其背后的本质是坚持将科技进步引发的创新动能作为生产力发展的驱动力，即把经济增长的动力由要素驱动、投资驱动锚定到创新驱动，将科技进步作为实现创新驱动的动力源，推动生产力发展水平的跃升。这种生产力的跃升是一个从量变到质变的过程，当关键性技术和颠覆性技术实现突破、发生质变时，必然引发生产力核心因素的变革，从而产生新质生产力 [3]。

先进科技是新质生产力生成的内在动力，没有科技创新的关键性突破，就难以产生新质生产力。在这一生成过程中，新质生产力依靠创新驱动的本质没有发生变化，变化的是关键性颠覆性技术突破带来的驱动能力的提升。

新质生产力与传统生产力

生产力是人类改造自然和征服自然的能力，是推动社会进步最活跃的要素，生产力发展是衡量社会进步根本性的标准 [4]。但这种能力不是静态的，

---

[1]　创新生态 | 从创新环境看新质生产力发展

[2]　"十二五"天津老工业转型升级对策分析 《学术论文联合库》 赵万明

[3]　城市区域空间结构 _ 系统演化及驱动机制 《学术论文联合库》

[4]　"移民"变"居民"，变"灾民"，变"异地农民"？——论中国工业化发展道路的几种现象

而是不断发展变化的，是随着科技持续进步而不断发展的。科技是生产力，生产力中也包括科学，大工业把科学作为一种独立的生产能力与劳动分离开来。但科技并非构成生产力的独立要素，而是社会发展的一般精神产品，即一种精神生产力。科学技术想要由精神生产力转变为物质生产力还须与生产力的三要素，即劳动者、劳动资料和劳动对象相结合：一方面，通过与劳动资料、劳动对象相结合，改善其性状和功能；同时与劳动者相结合，增强劳动者认识自然和改造自然的能力[1]。这种结合的程度、质量、水平的不同造就了生产力在结合前后的不同，即传统生产力与新质生产力的不同。

就劳动者而言，与传统生产力相匹配的劳动者是普通工人和技术工人，与新质生产力相匹配的则是智力工人，即知识型、技能型、创新型劳动者[2]。相较于前者，智力工人拥有更为先进的认识能力和实践能力。一方面，智力工人对自然界、人类自身及其生产活动有着更为深刻的认识，意识到要在人与自然和谐共生中利用和改造自然，兼顾生产的效益与质量；同时，智力工人具备更高的创新素养和劳动能力，能熟练运用高端精密仪器和智能设备从事生产。

就劳动资料而言，与传统生产力相匹配的劳动资料主要是普通的机器设备和电子计算机，与新质生产力相匹配的劳动资料则是一系列高级、精密、尖端设备。高精尖设备能进一步提升供给体系的效率和质量，解决供给体系存在的不匹配、不安全和质量不高等问题。

就劳动对象而言，与传统生产力相匹配的劳动对象主要是以物质形态存在的未经加工的自然物以及加工过的原材料，与新质生产力相匹配的劳动对象在前者基础上增加了伴随科技进步新发现的自然物、注入更多技术要素的原材料以及数据等非物质形态的对象。新的自然物和原材料在生产中的应用能提增生产效益。数据成为劳动对象则促进了数字产业化和产业数字化的发展，使数字技术与实体经济深度融合，为传统产业转型升级以及战略性新兴产业和未来产业的发展创造了有利条件。

新质生产力从劳动者、劳动资料、劳动对象三个方面超越了传统生产力，是生产力理论的最新成果。

---

[1] 发展新质生产力需要充分释放科技人才活力 _ 社内要闻 _ 九三学

[2] 大力发展新质生产力 助推水利高质量发展

当前，随着新一轮科技革命和产业变革的不断深入，世界已经进入以创新为主题和主导的新时代[1]。为了抓住创新驱动发展的重大机遇，在国际竞争中赢得主动权，要整合科技创新资源以加快形成新质生产力，将先进科技视为新质生产力生成的内在动力。一是肯定科技在生产力形成和发展中的重要作用；二是将这种科技上升为更高层次上的关键性颠覆性技术，突出科技创新在生产力发展中的主导作用，根据时代发展要求和中国国情的变化对传统生产力思想的传承、发展和创新。

新质生产力与生产关系

物质生产力是全部社会生活的物质前提，同生产力发展一定阶段相适应的生产关系的总和构成社会经济基础。生产力决定生产关系，生产关系反作用于生产力。生产关系若能适应生产力的发展水平则会促进生产力的进一步发展，反之，与生产力不相适应的生产关系将成为生产力发展的桎梏。

生产关系并非一成不变，而是随着物质生产资料、生产力的变化和发展而变化和改变的。无论生产力发展到何种程度，都要适时调整生产关系以适应生产力的发展要求，解决生产力和生产关系的内在矛盾，推动生产力实现更高程度的发展。

新质生产力的提出，带来的是发展命题，也是改革命题。生产力是生产关系形成的前提和基础。生产关系是适应生产力发展的要求而建立起来的，是生产力的发展形式，它的性质必须适应生产力的状况。生产关系必须适应生产力发展水平才能进一步激发社会生产力，经济制度和经济体制构成了生产关系的两个层面[2]：社会主义基本经济制度反映的是深层次生产关系，而经济体制反映的则是表层生产关系。

新质生产力是在技术发生关键性颠覆性突破之后才形成的，所以与新质生产力相适应的生产关系指的就是能促进技术发生关键性颠覆性突破以及促进关键性颠覆性技术转化为现实生产力的一系列制度和体制。中国特色社会主义经济制度具有集中力量进行重大科技攻关的显著优势，使我国在量子信息、铁基超导等方面取得了一批重大原创成果，北斗导航、移动

---

[1]　新质生产力发展的全新赛道——兼论颠覆性创新的推动作用

[2]　对形成新型生产关系要有新的全面认识

通信、新能源汽车等一系列技术进入世界领先行列，为我国生产力的发展提供了强大的科技创新动力。

全面深化体制改革，不断调整生产关系，激发社会生产力发展活力，加快围绕创新驱动进行体制机制变革，促进形成有利于关键性颠覆性技术突破和创新成果转化的新机制。

以上关于新质生产力的文章，我还是比较认同，但是万变不离其宗，新质生产力总体上还是属于先进生产力，无非给了一个更加贴切，更加好听的名词而已。

以上的文章解释新质生产力，是站在一个整体性高度来叙述的，而我们每一个读者必须站在自己企业或者自己可以操控的视角来思考。比如，新质生产力的哪些领域我的企业必须采用，另外，企业同样存在生产力和生产关系的矛盾。当本企业的生产关系适应本企业的先进生产力时，该生产力就会发展，不适应时就会阻碍本企业的生产力的发展。所以我们在发展、创造本企业新质生产力的同时，一定要同时改革本企业的生产关系。例如，组织形态、分配方式等等。如果这些企业的生产关系要素不及时调整，并调整到与本企业的新质生产力相适应，那么你企业新质生产力的应用和发展就会受影响。

2.3 发展生产力是社会主义的本质要求

生产力是指人类通过劳动和技术手段创造物质财富的能力和水平。在社会主义理论中，发展生产力被视为社会主义的本质要求，具有一系列重要意义。从多个角度探讨发展生产力在社会主义建设中的重要性，并分析其对经济、政治和社会发展的积极影响对社会发展有着重要的参考意义。

发展生产力是社会主义经济的基础。社会主义经济体制的核心是公有制和计划经济。通过发展生产力，提高生产力的水平和效益，可以增加物质财富的总量，满足人民群众日益增长的物质文化需求。发展生产力是社会主义经济的基础，是实现社会主义建设和人民富裕的关键。社会主义追求共同富裕，通过发展生产力，提高生产效率和劳动生产率，可以增加物质财富的总量，提供更多的物质资源和消费品，满足人民群众日益增长的物质需求。只有物质生活得到改善，人民才能享受到发展成果，增强幸福感和获得感[1]。

其次，发展生产力是社会主义建设的内在要求。发展生产力能够促进不同地区的经济协调性，减少区域发展差距，缩小城乡、地区之间的经济差距。通过优化资源配置、加强基础设施建设、促进产业升级和转移等方式，可以促进资源优势互补和经济合作，实现共同发展和繁荣。

社会主义社会的根本任务是实现生产力和生产关系的相适应，即在公有制基础上发展生产力，同时建立和完善适应社会主义发展的各项制度。只有通过发展生产力，不断提高劳动生产率，推动生产关系的优化和改革，才能够实现社会主义建设的目标，为社会主义事业的长期发展奠定坚实基础。

发展生产力是社会主义与资本主义的根本区别。在社会主义制度下，国家具有宏观调控的能力和职责。社会主义经济强调国家的主导作用，政府通过制定计划、政策和法律，对经济活动进行引导和调控。国家可以在经济领域制定目标、资源配置和产业布局，推动重点行业和地区的发展，保障基本民生，推动经济的整体发展。而在资本主义经济中，市场起决定性作用，经济活动主要由市场自主调节，个体企业和私人投资者根据市场需求和利润动机进行经营决策。

在资源配置方面，社会主义经济注重公有制和公共利益。社会主义经济主要依靠国家和集体所有制经济，资源分配更加注重公平和公正。社会主义经济注重优先发展公共事业、社会福利和基础设施建设，保障人民的基本生活需求和社会公益需求。而在资本主义经济中，资源配置主要由市场机制决定，追求利润最大化和个体的经济利益，资源更加偏向于私人所有和商业发展[2]。

社会主义经济追求全面发展和共同富裕。社会主义经济关注人民群众的

---

[1] 关于加快我国文化产业发展的思考 《学术论文联合库》 李娟

[2] 现阶段我国社会养老保险改革价值取向的思考 《学术论文联合库》 胡辰辉

幸福感和物质生活水平的提高[1]。社会主义经济强调公共服务和社会保障，注重人民的教育、医疗、住房等基本需求，推动全民共享发展成果。而在资本主义经济中，经济增长主要关注经济的总量和利润的累积，个体的经济收入差距较大，社会的财富分配不均衡。

此外，社会主义经济注重可持续发展和生态环境保护。社会主义经济强调生态文明建设，注重推动经济发展与生态环境的协调。社会主义经济通过优化产业结构、节约资源、减少污染等措施，追求经济效益与环境效益的双赢，提倡绿色发展和可持续发展。而在资本主义经济中，市场机制往往追求短期利益和经济增长，环境保护常常成为次要考虑因素。

发展生产力是社会主义与资本主义的根本区别。社会主义经济强调国家的主导作用、资源优先分配、全面发展和生态文明建设，注重人民的福祉和社会公平；而资本主义经济强调市场的自主调节、资源优化配置、经济增长和个体经济利益，财富分配不均衡[2]。在实践中，各种经济模式都有其优势和局限性，不同国家根据实际情况选择适合自己的发展路径[3]。我国目前既强调以公有制为主体，又鼓励民营企业高质量发展，积极参与社会主义建设。

综上所述，发展生产力是社会主义的本质要求，具有重要的经济、政治和社会意义。只有不断发展生产力，实现社会主义经济的繁荣和人民生活的富足，才能够推动社会主义事业的长期发展和巩固社会主义制度的优越性。因此，我们应当坚持以人民为中心的发展思想，致力于创造良好的发展环境，激发各方面活力，推动生产力不断提高，实现社会主义现代化的宏伟目标。

---

[1]　共同富裕：理论前提、历史矛盾与战略抉择 《学术论文联合库》 杨兴林

[2]　社会主义市场经济与资本主义市场经济的比较分析 ...

[3]　中国式现代化的具体内涵

第三章

在其位，谋其职，负其责，尽其事

3.1 在其位必须谋其政

"在其位，谋其政"这个词最早出现在春秋·孔子《论语·泰伯》的："子曰：'不在其位，不谋其政。'"讲的是不在那个职位上，就不参与那个职位相关的事情。

"不在其位，不谋其政。"孔子的这句话是对专业化分工的一个说法。人只有专注于自己的事才能发挥最大的效率，才可以深挖深究进一步提升自己。

放眼现在的市场，很多的企业都在追求专业化的服务，专业化的服务也正是整体社会化发展成熟的表现，而专注于某一领域的企业就相当于给自己贴了标签，对于市场大众来说，在更新迭代如此之快的互联网中能够给他们留下印象的企业才能走得更远。例如海底捞，一说起海底捞大家都会先想到他的服务；一提到迪士尼，大家就会想到童年。这一第一反应正是因为他们定位清晰，在他们的定位中做好他们的事情和服务，不掺杂其他的东西。这样大家便会在说到某一特点时，迅速想到他们。

不仅是企业要专注于一个行业，人也一样。人只有专事自己的优势，才能发挥最大效率。不在这个职位上工作的人，不应该管这个职位上的事。如果他管了，就是越权，不利于人们能力的发挥，并且不利于人际关系的发展。在猎头工作中，很多大型企业都想要一个专精的人才，在他们看来专精的人才对这个行业的理解更深，经验更加丰富，能够更好地处理在这一领域中出现的问题。如果一个人什么都学，就很容易被自己所学的东西欺骗，因为很多东西都是相近的，一旦不能分清里面的细节，就会因为这一个细节毁了一个整体。孔子所说的不谋其政，并不是就可以不去思考国家政策、谋略、措施及政治的得失政务的效率，实际上，孔子常常从宏观上思考经邦治世的大事。

在历史中，明朝的丘福就演绎出了，在其位不谋其政的下场。

在朱元璋在位时，朱棣还只是一个燕王。因为朱元璋想要让自己的孩子来继承皇位，可惜具备帝王之才的朱标早逝，太子的重担便落在了朱允

炆身上 [1]。当时的朱允炆昏庸无能，上不能得到父亲认可，下不能得到群臣信服。在朱元璋过世后，担心自己守不住皇位的朱允炆想收回亲王的权力以巩固自己的地位。结果把朱棣惹急了，一气之下起兵造反。最后朱允炆失败，朱棣称帝，丘福是功臣。本可以安享晚年的大臣因为没有摆正自己的位置，涉足太子的皇位之争中，和朱棣的其中一个儿子合作陷害朱棣另一个儿子 [2]。得知此事的朱棣因为他的忠心饶了他一命。他却没有珍惜这次机会，转头在战场上自视甚高，不听劝阻葬送了自己的性命。

在其位不谋其政，从字面上理解是在这个职位上，不做这个职位的事情，不作为，也可以理解为是对自己的定位不够清晰。如果足够清晰就可以专注于自身一方面的精修，成为这个领域的专家，如果足够清晰就可以不逾矩，不越权，做好自己分内的事不惹祸上身。

在其位谋其政，不在其位不谋其政，成为儒家文化的一种思想。这种思想至今仍有现实意义，我们共产党的干部也必须在其位谋其政，千万不能占着茅坑不拉屎，要全心全意为党的事业，人民的利益奋斗终生。

经过长时间的演化，孔子的这句话演变出了"在其位，谋其政"。现在的"在其位必须谋其政"是一种管理和领导原则，强调担任职位的人应该全力以赴地履行职责，为人民谋福祉，并推动社会发展。这种原则的核心是责任和使命感。这句话强调了担任职务的人必须以实际行动来为民众谋福祉、推动社会进步和发展 [3]。

首先，"在其位必须谋其政"意味着担任职位的人必须将公共利益置于个人利益之上。他们应该以全局的眼光思考问题，从整体利益出发，不偏袒个别利益集团、不追求短期功利，而是要根据长远发展目标和公司效益，制定政策和决策。这样做可以确保权力被正确行使，符合法律规定和道德准则，真正为企业和员工带来利益。担任职位的人应该充分认识到自己所处的位置和角色的重要性。他们在决策和执行过程中，需要考虑企业的整体利益，而不仅仅是个人或特定群体的利益。这需要他们具备广阔的视野和战略眼光，能够预见长期效益并作出相应的决策。

---

[1]　帝王诗、帝王气象及专制情结 《学术论文联合库》毛翰

[2]　古代武当山游记文学中的武当道教文化 《学术论文联合库》田雨泽

[3]　关于加快转型升级 建设幸福东莞 《学术论文联合库》黄琦

其次，"在其位必须谋其政"也指出了担任职位的人应该具备高尚的品德和专业素养。他们应该具备公正、廉洁、勤勉和明智的品质，并以此作为行动准则。同时，他们需要通过不断学习和提升自身的能力，掌握专业知识和技能，为工作提供科学的指导和有效的决策。只有在这样的前提下，他们才能够更好地履行职责，谋求最大化的社会效益。"在其位必须谋其政"要求担任职位的人具备高度的勤勉与责任心。他们需要全身心地投入工作，深入了解问题的本质，并寻找最佳解决方案。他们应该主动追求创新和进步，时刻保持对工作的热情，并不断提升自己的能力和素质。

此外，"在其位必须谋其政"还要求担任职位的人具备公正和廉洁的品质。他们应该严守纪律和道德规范，排除各种不正当的利益干扰，以确保决策过程的公正性和透明度。这需要他们有坚定的原则立场，勇于面对各种考验和挑战。"在其位必须谋其政"还强调了担任职位的人应该注重团队协作和良好的沟通合作关系。积极与相关部门和利益相关方合作，形成合力，共同解决问题。在决策过程中，也应该广泛听取不同意见和建议，倾听各方声音，形成科学、民主的决策结果。

最后，"在其位必须谋其政"还强调了担任职位的人需要与员工保持紧密联系。积极了解员工反映的问题并为此提出解决方案，以优化促进企业发展。这也就强调了担任职位的人应该注重团队协作和良好的沟通合作关系。在决策过程中，应该广泛听取不同意见和建议，倾听各方声音，形成科学、民主的决策结果并积极与相关部门和利益相关方合作，形成合力，共同解决问题。

"在其位必须谋其政"是一种管理和领导理念，强调担任职位的人应该以公共利益为出发点，全力以赴地履行职责，并为推动社会进步作出贡献。只有担任职位的人能够践行这一理念，才能真正实现良好治理，建设一个和谐、稳定、繁荣的社会。同时，任何一个人都应该以此为准则，无论身处何职，都应该努力为社会的发展和进步做出积极的贡献。"在其位必须谋其政"强调了担任职位的人应该以公共利益为导向，注重品德和专业素养，积极解决问题，与他人合作，推动社会进步和发展。这是对担任职务者的要求，也是实现良好治理的基本保障。只有这样，我们才能够建设一个和谐稳定、繁荣发展的社会，让人民真正从中得到实实在在的利益。作为每个人，不论身处何职，都应该时刻牢记这一理念，将之贯彻到自己的工作和生活中，为社会的发展作出积极的贡献。

3.2 在其位必须负起责任

"负起责"就是对自己的言行负责，做到言而有信；对下属负责，对所在单位负责，做到用对人才和用对方法。

3.2.1 言而有信

对自己的言行负责就是言而有信，诚信也是我们中华民族的传统美德。在《韩非子·外储说左上》中提到有一回曾子的妻子要去集市上，他们的孩子吵着也要去，曾子的妻子就承诺孩子如果不去的话等她回来就把家里的猪杀了，小孩也就不闹了。等到曾子的妻子从集市回来，曾子便抓住一头猪要把它杀了，妻子制止他告诉他："这只是哄孩子的玩笑罢了。"曾子却说："小孩子是不可以欺骗的，在他们的眼里父母是他们的榜样，如果现在欺骗他就等于教会了他欺骗，母亲欺骗儿子，儿子也不会再相信母亲，这不是教育孩子该用的方法。"说完曾子就把猪杀了煮了。

对待小孩尚且需要真心对待不予以欺骗，在企业中也一样，如果一次又一次地欺骗员工，会让员工对企业产生不信任，丧失企业归属感。没有了归属感的员工，眼里只会有自己的生活，又怎么会关心企业的未来发展呢，所以如果要想企业有更好的未来，就不能"画大饼"，画的次数多了，不仅会没有效果也会影响员工对领导的信赖度和对企业的归属感，从而影响企业的整体效率[1]。

作为领导者，言而有信是一种重要的品质，它体现了诚信、责任和尊重。当领导者能够兑现承诺、言出必行，他们会获得信任和尊重，能够有效地

---

[1]　我国民营企业组织变革研究《学术论文联合库》刘芳芳

引导团队和组织向更好的方向发展[1]。在古代文化中，有一些典故可以帮助我们更好地理解和体会领导者言而有信的重要性。

典故一：《左传》中的齐宣公 古代齐国的宣公，是一个言而有信的典范。在《左传》中记载了他与大臣季康子的一段对话。当时，齐宣公答应给季康子一个重要职位，但后来因为一些原因改变了主意。然而，即使如此，齐宣公仍然履行了自己的诺言，并给予了季康子应有的尊重和地位。这个故事传扬开后，人们对齐宣公的信任和尊重更加深厚。

这个典故告诉我们，领导者要言出必行，不轻易违背承诺。就像齐宣公一样，他以身作则，树立了一个榜样，赢得了人们的敬佩和支持。

典故二：《史记》中的刘邦与韩信 在中国历史上，刘邦是一位具有卓越领导能力的政治家和军事家。而他的智囊韩信也因为对承诺的忠诚而闻名。在《史记》中记载了一次他们之间的对话。当时，刘邦向韩信承诺，如果韩信能够解救被困的刘邦，他将授予韩信重要的职位和权力。最终，韩信用智勇和辅佐刘邦成功解围，并将刘邦救出。刘邦当即履行了自己的承诺，赋予韩信高官职位，并亲自派遣他带领军队。

这个典故告诉我们，领导者应该言而有信，并且认可那些对团队和组织发展产生积极影响的人才。通过履行承诺，领导者能够建立起团队成员对自己的信任和对组织的归属感，激发他们的工作热情和战斗力。

言而有信对于领导者来说并非只是一种表面上的修饰，它涵盖着诚信、责任和尊重等深层次的价值观。当领导者言出必行时，他们向下属传递了一个重要的信息：自己是一个可以依靠和信任的人。这种信任不仅将增强组织内部的合作和团结，还将提升组织对外的形象和声誉。

言而有信还能够增强领导者的说服力和影响力。当领导者言出必行时，他们所提出的目标和计划会更加可信，因为下属知道领导者会尽力实现他们承诺的事情。这种坚定的承诺有助于激发下属的积极性和团队的凝聚力，推动组织向着设定的目标迈进。

然而，言而有信并非一成不变的规则，领导者在某些情况下可能需要根据具体情况调整计划和决策。遇到特殊情况时，言而有信也需要张弛有度。很多人都知道"言必信，行必果"，但是很少有人会知道这句话后面还有一

---

[1] 管理寓言故事：黄蜂、鹧鸪与农夫 《学术论文联合库》 李文武

句话，就是，"硁硁然小人哉！"整段话连在一起就是"言必信，行必果，硁硁然小人哉！"指的是，"言语一定要信实，行为一定要坚决，这是不问是非黑白而只管自己贯彻言行的小人啊。"这句话最早来自《史记·孔子世家第十七》的故事：

孔子在路过蒲邑，碰上公叔氏叛乱。公叔戌知道卫国和鲁国是近邻，而且都是姬姓的国家，况且孔子的几个得意门生都是卫国人，孔子对卫国来说也十分重要，如果将孔子放去卫国，无异于给自己挖坑。于是公叔戌就想着斩草除根，先把孔子灭掉，以绝后患。却没有想到孔子的弟子子路、冉求和公良孺都是勇猛好战的将领，尤其是公良孺，他身材高大，很有武术天赋，甚至用五辆战车来保护孔子。在争斗一番之后，公叔戌怕再打下去会占下风，就开出条件以孔子不去卫国为条件放了孔子。孔子答应了他，却径直前往卫国，还告诉了卫灵公蒲邑叛乱的事情。可惜卫灵公只是在口头上答应了孔子的建议，转头就抛之脑后，最后孔子也就离开了。

这就是孔子那句话的由来，讲的并不是诚实守信不好，而是要能够明辨是非，能够做出正确的承诺。但无论如何，他们应该及时地与团队沟通，并解释背后的原因和考虑。只有通过诚实地沟通，领导者才能够在面对挑战和困难时保持透明度，赢得团队的理解和支持。

在现代社会中，言而有信依然是一个重要的领导品质。领导者应该积极践行诚信、责任和尊重的原则，言出必行，并且树立良好的榜样。通过言而有信，领导者能够获得下属的信任和团队的支持，共同推动组织的发展和进步。

3.2.2 古代的用人不疑

在三国历史上的这一混乱时期，主要政权争斗不休。经过无数次的战争和阴谋，三国的统治者是曹操、孙权和刘备。这三位诸侯都是一代宗师，但在他们之后，自然有蜀汉的"五虎上将"、江东的"十二虎将"、曹魏的"五子良将"和"八虎上将"等名臣成为一代宗师。

陈寿在《三国演义》中曾说："五子良将"。这是对五子的很高评价。"五子"是指张辽、乐进、于禁、张郃、徐晃，他们对曹操的重要性不亚于"五虎上将"对刘备的重要性。

最重要的是，这五人中有四人都是后来才投靠了曹操，只有乐进与曹操一直在一起。其他四人中，张辽曾在丁原、董卓和吕布手下任职，在吕布死后投奔了曹操。于禁曾在鲍信手下，后来也投靠了曹操，而徐晃原本在杨奉手下，后来也投靠了曹操。另一方面，张郃曾在韩馥和袁绍手下，后来在官渡之战中投奔了曹操。

他们遇见了曹操就像是遇见了伯乐，虽然说曹操疑心重，但是面对在其他地方从事过的人才来说他用人却是十分大胆的。

张辽在跟了曹操之后，击败了乌桓，为曹操统一北伐奠定了基础。随后，他与乐进一起保卫合肥。孙权率领10万大军进攻，张辽仅用了800名士兵就击败了10万人的东吴军队，差点活捉了孙权。

曹操知道如何用人。可是刘备就不是这么大胆。例如，马超投靠刘备后变得郁郁寡欢，最后死于抑郁症。而赵云，我想读过《三国演义》的人应该都能看出，赵云的军事能力其实很强，不仅是个人实力，还有带兵能力。

但由于某些原因，刘备一直不太信任赵云。例如，在荆州保卫战中，最合适的应该是赵云而不是关羽。但由于刘备不敢任用外人，他明知关羽不是最合适的人选，却用他来保卫荆州。

与刘备相比，曹操最大的优势在于他有招揽人才的勇气和善于利用人才的能力。虽然刘备是个好主公，但他不如曹操。曹操还用他今生的经历告诉我们成功的道理，那就是："用人不疑，疑人勿用"。

用人不疑，是一条重要的领导原则，意味着领导者应该充分信任和依赖手下的员工，赋予他们适当的权力和责任。古代有许多典故可以帮助我们理解和体会这个原则的重要性。以下将选择几个典故进行阐述，以说明领导使用人才的态度。

典故一：《左传》中的齐宣公与季康子。在《左传》中，记载了古代齐国的宣公与大臣季康子之间的故事。当时，齐宣公答应给予季康子一个重要职位，但后来因为一些变故改变了主意。然而，尽管如此，齐宣公还是兑现了自己的承诺，并给予了季康子应有的尊重和地位。这个故事传播开来，人们对齐宣公的信任和尊重更加深厚。

这个故事告诉我们，领导者应当言出必行，并对员工充满信任。像齐宣公一样，他以身作则，树立了一个榜样，赢得了人们的敬佩和支持。当领导者用人不疑时，能够激发员工的工作热情和创造力，提升他们的责任感和归属感。

典故二：《史记》中的韩信。在中国历史上，刘邦是一位具有卓越领导能力的政治家和军事家。而他的智囊韩信也因为对承诺的忠诚而闻名。在《史记》中记载了一次他们之间的对话。当时，刘邦向韩信承诺，如果韩信能够解救被困的刘邦，他将授予韩信重要的职位和权力。最终，韩信用智勇和辅佐刘邦成功解围，并将刘邦救出。刘邦当即履行了自己的承诺，赋予韩信高官职位，并亲自派遣他带领军队。

这个典故告诉我们，领导者应当认可那些对团队和组织发展产生积极影响的人才。通过兑现承诺，领导者可以建立起团队成员对自己的信任和对组织的归属感，激发他们的工作热情和战斗力。当领导者真正用人不疑时，能够吸引和留住优秀的人才，并推动组织朝着更高的目标迈进。

典故三：《资治通鉴》中的李世民任用魏徵。在唐朝初期，李世民是一位聪明而英明的皇帝。当时，魏征是一位有才华的官员，他曾向李世民建议采取一些重要的政策。李世民虽然对魏征提出的建议有所保留，但还是决定任用他，并不断赋予他更高的职位和责任。魏征出色地完成了许多任务，为李世民治理国家做出了重要贡献。

这个典故告诉我们，领导者应当善于发现和使用人才。就像李世民一样，他看重魏征的才华，并给予他足够的机会展示自己的能力。当领导者能够用人不疑时，能够激发员工的积极性和创造力，使他们感到自己的价值被认可，并从中获得成就感和满足感。

以上的典故都反映了领导者用人不疑的态度，并强调了信任和依赖员工的重要性。当领导者能够真正用人不疑时，他们会赋予员工更多的责任和权力，让他们成为团队中的核心力量。通过信任和依赖，领导者能够激发员工的工作激情和创造力，使他们充分发挥自己的才华和能力。

然而，用人不疑并不意味着盲目相信，领导者需要保持一定的警觉性和审慎性，避免被个别员工的不良行为所蒙蔽。同时，领导者也要及时给予员工必要的建议和指导，帮助他们提高自己的工作能力和素质。

总之，用人不疑是一条重要的领导原则。领导者应当建立起对员工的信任和依赖，赋予他们适当的权力和责任，激发他们的工作激情和创造力。

通过用人不疑，领导者能够吸引和留住优秀的人才，推动组织朝着更高的目标迈进。同时，领导者也应该保持一定的警觉性和审慎性，避免被个别员工的不良行为所蒙蔽，确保团队的整体稳定和发展。

3.2.3 用好人才

对下属负责，就是用好人才，什么是人才，人才就是指具备一定的专业知识和专门技能的能够在社会中做出贡献的各行各业中的领军人物。这些人都是人力资源中能力和素质在中高层的人也是我们经济社会发展的第一资源[1]。

人才一词出于古老的《易经》"三才之道"，三才又被称为三才，指天、地、人。天道、地道、人道，三者是统一的，并不是并列关系。通俗来讲就是人的一切行为活动都要遵循阴阳刚柔的法则。

即孔子及孔门弟子的《易传》讲："《易》之为书也，广大悉备。有天道焉，有人道焉，有地道焉。兼三才而两之，故六。六者非它也，三才之道也[2]。"

人的才能。王充在《论衡·累害》提到："人才高下，不能钧同。"晋 葛洪《抱朴子·广譬》："人才无定珍，器用无常道。"晋 葛洪《抱朴子·逸民》："褒贤贵德，乐育人才。"宋 王安石《上仁宗皇帝言事书》："则天下之人才，不胜用矣。[3]"

具体到企业中，人才的概念是这样：指具有一定的专业知识或专门技能，能够胜任岗位能力要求，进行创造性劳动并对企业发展作出贡献的人，是人力资源中能力和素质较高的员工。

企业的人才总量包括经营人才、管理人才、技术人才和技能人才。

经营人才，指企业的单位负责人和部门负责人；

管理型人才，是具有广博知识和社会经验的人才，是深刻了解人的行

---

[1] 什么是人才？_互动交流 __ 福州市人民政府门户网站

[2] 《孔子礼教思想研究》- 学位论文 罗璇，- 西南大学：伦理学 —西南大学（学位论文）

[3] 《孔子礼教思想研究》- 学位论文 罗璇，- 西南大学：伦理学 —西南大学（学位论文）

为及其人际关系的人才，是具有很强组织能力和交际能力的人才，他们不但了解为什么做，而且能把握行为变换，调动一切积极性去完成为什么做的目标；

技术型人才，是指掌握和应用技术手段为社会谋取直接利益的人才，由于技术型人才的任务是为社会谋取直接利益，因而，他们常处于工作现场或生产一线工作；

技能人才，是在生产技能岗位工作，具有高级工及以上技能等级或具有专业技术资格的人员。

从中国传统文化易经思想思考，人才应各就各位，到位而不越位。

例如韩信，韩信在中国历史上一直被认为是一个不朽的战士。与刘邦结盟后，他帮助刘邦在短短几年内打败了项羽：为汉朝奠定了百年的基础。可就是这样一个优秀的人才，他之前却差点被埋没。

一开始韩信只是项羽军营中的持戈的卫士，由于项羽本身就有胆识有能力，所以很多事情都是自己出手，这也使得韩信一直空怀抱负却不能施展开来。一直到鸿门宴前夕，他建议项羽在刘邦军队毫无准备和不安全的情况下进攻刘邦的军队。可以乘其不备，一举拿下刘邦，但因为他只是一个持戈的小卒，项羽便认为他是在胡言乱语就没有听他的，甚至还想杀了他，多亏了范增的阻拦才保住了自己一条命。后来，他便投奔了刘邦，在萧何的推荐下成为一名将军。

一个好的领导需要有一双善于发现的眼睛，学会识人，不让奸臣当道；也要学会用人，不让人才埋没。

另外一个善用人才的就是曹操了，曹操十分珍惜人才。曾经关羽被俘，他希望关羽能为自己所用，他不仅被当作曹操的客人，而且还受到礼貌地对待，被封为偏将军。可惜关羽和刘备的情谊深厚，无论曹操开出什么条件都不答应加入他的阵营。哪怕曹操找了他的老乡去开导他也没有用。

曹操虽然是一个惜才爱才的人，但本性残暴。例如有一次在讨伐袁术的时候。粮草不够用了，曹操想着给士兵们减少食物，帮助他们控制油量，减轻体重，同时达到节约粮草的作用。但王垕又怕士兵会抱怨，曹操说："如果他们抱怨，我有办法"。果然，士兵们没有得到足够的食物，他们抱怨起来，并准备造反。于是，王垕急忙去找司令官曹操，问他应该怎么做。曹操以挪用粮食为由处决了王氏，并向士兵们致歉。士兵们也就没有怨言了。

虽然说曹操的做法确实使得临近溃散的军心收拢，但这个办法始终不是长久之计。这一回是因为粮草稳定军心杀了自己的手下王垕，后面也会因为别的事情再杀人。按理说曹操这样惜才的人，军中应该人才辈出，队伍也应该是所向披靡。最后又为什么失败了呢？曹操这个人生性多疑，虽然有很多人才投靠在他手下，但也有很多人才死在他手下。因为曹操的生性多疑，嗜血成性。让不少的将士心寒，也因此失了民心。加上赤壁之战让曹操元气大伤，最后也就功败垂成了……

所以在企业中，领导要懂得做出正确的决策，制定正确的目标，不是一味地压缩员工，为员工制定不切实际的目标。只有做到根据企业整体战略和员工状态来制定相应的目标，才可以将员工的效率发挥到最大，企业才能更加长久。

3.3 在其位必须尽其事

尽其事的意思是在自己能力范围内尽自己所能将事情做好。这里又有两个方向上的尽其事，一层是尽自己所能，做好自己范围内的事；一种是尽自己所能，只做自己范围内的事。

作为领导者，要能够尽其事，不仅需要有正确的思路和方法，还需要有良好的领导风格和实践经验。

作为领导者，要想尽其事，首先要提高自身素质。这包括扎实的业务知识、广泛的人文素养、强烈的责任心和使命感、高质量的健康体魄等多个方面。只有充分发挥自己的优势，不断学习、进修、成长，才能更好地完成自己的工作。

作为领导者，必须具备扎实的业务知识，这是担任领导岗位的基础条件。只有具备在自己岗位上所需的专业素养和技能，才能更好地指导下属，协调各项工作[1]。正如《孟子》中所说："天生我材必有用，千金散尽还复来。"一个领导者，只有通过不懈地学习和实践，掌握了足够的业务知识，才能够做出更多的成果[2]。

作为领导者，需要具备人文素养，包括历史、文化、哲学、伦理等多个方面的知识。只有这样，才能够在工作中更好地领会人类社会的复杂性，对下属和员工的行为心理有更深刻地认识和理解，更好地应对各种挑战和困难。

作为领导者，需要有强烈的责任心和使命感。领导者所管理的工作和项目，往往关系到国家和人民的利益，因此要有不畏艰险、追求卓越的精神，时刻把自己的职责和使命摆在心上，以实际行动体现责任和使命。

一个领导者的工作时间往往比较长，形势也可能随时发生变化。因此，领导者还需要保持高质量的健康体魄，严格控制自己的生活习惯，注意合理饮食、科学运动、规律作息等方面。

除了提高自身素质之外，领导者还需要通过创造良好的领导氛围来实现尽其事。这包括清晰的目标使命、明确的角色分工、透明的决策流程、完善的激励制度等多个方面。只有在这样的氛围下，领导者才能更好地指挥管理各项工作，将团队带向成功。

一个领导者必须有清晰的目标使命，他需要制定出明确的工作目标和计划，不断地对其进行调整和优化。在目标使命的基础上，发挥公司的特点和资源优势，遵循市场规律，适应社会变革，发挥员工的积极性和创造性，不断跨越各种障碍和困难。

另外每个人都需要明确自己的角色分工，以及自己在团队中的职责，领导者也不例外。通过合理的角色分工，团队成员可以相互配合，形成五湖四海，百川归海的局面，实现目标使命。

领导者在进行决策时，需要将思考和流程公开，并听取下属和员工的不同意见。这样做既可以避免权力过于集中而引起的管理风险，也可以激发更多的创新和创造力，使工作更为高效、公正和透明。

领导者还需要建立完善激励制度，以调动员工的积极性和创造性。通

---

[1]　农民专业合作社理事长领导理念探讨《学术论文联合库》刘永建

[2]　李白 | 将进酒：天生我材必有用，千金散尽还复来 _

过设立奖励机制、提供培训和技能提升机会等多种方式，激发员工的创新和潜能，促进工作的不断进步。

总而言之，一个领导者要想尽其事，必须具备提高自身素质和创造良好的领导氛围两方面的能力。只有在个人素质、团队建设、目标规划、决策管理等多个方面不断追求卓越，才能更好地完成自己的工作任务，物超所值。

本章小结

本章的宗旨是强调：领导干部必须做到在其位谋正政，而且不仅仅是谋其政，还必须谋好政。

领导干部有大有小，但不管你在哪个岗位，只要你在领导岗位上，你就不仅仅是代表你自己，你代表的是一个组织，一个团队。你的每一个决定或一举一动，都代表着组织和团队，你的每一个决策和一举一动将会直接影响组织或团队的成与败！所以作为领导者始终要牢记肩上的担子和团队成败。一定要做到，在其位，谋其职，负其责，尽其事！

第四章

英雄思维与圣人思维

4.1 英雄思维

英雄思维是指具有积极主动、勇敢无畏的心态和行动方式。它强调以积极的态度面对挑战和困难，勇于承担责任并追求卓越。英雄思维主要有以下几种特性：

积极主动：英雄思维的核心是积极主动。英雄思维者能够主动发现问题、解决问题并采取行动，而不是消极等待他人的指令或安排。他们富有进取精神，并主动迎接挑战。

勇于承担责任：英雄思维者愿意接受责任，并勇于承担起自己的义务和责任。他们不回避困难和艰苦，而是勇敢地面对并尽力解决问题。无论是在个人生活还是工作中，他们都能够勇敢地面对各种挑战。

追求卓越：英雄思维者追求卓越，对自己设立高标准，并通过持续学习和努力提升自己。他们不满足于平庸，而是努力实现个人的成长和进步。他们具备创新意识，不断探索和寻求改进，为自己和团队创造更大的价值。

影响他人：英雄思维者通过积极的示范和榜样，影响和激励他人。他们能够激发团队成员的潜力，并协助他们实现个人目标。他们善于倾听和理解他人的需求，帮助他人克服困难，共同取得成功。

英雄思维在个人和组织层面都具有重要意义。对于个人而言，英雄思维能够激发个人潜力，培养自信心和坚韧精神，实现个人目标和幸福感。对于组织而言，英雄思维能够塑造积极向上的企业文化，凝聚员工，推动团队合作，提升组织绩效。

毛泽东诗词《沁园春·雪》当中有一句话："惜秦皇汉武，略输文采，唐宗宋祖，稍逊风骚"这句话描述历史上几位重要君主在文学才华上的相对差距。其中，"秦皇汉武"指代秦始皇和汉武帝，他们在文学方面相对较为欠缺；而"唐宗宋祖"则指唐太宗和宋太祖，虽然在政治和军事方面取得了辉煌成就，但在文学才华上稍显逊色。词当中提到的四个人分别是秦朝、汉朝、唐朝和宋朝的君王，在历史上享有很高的评价[1]。

像秦始皇，统一六国，创立中央集权制度，确立帝制；统一度量衡，奠定了中国历史上大一统王朝的基础。影响中华文化两千年；

公元前230年至公元前221年：秦始皇继位后，采取了征战和外交手段，先后攻灭了赵国、魏国、韩国、楚国、燕国和齐国六个诸侯国家。秦始皇期间进行了一系列的军事改革和措施，如加强军队编制和装备，提高快速出击的能力等。此外，他还加强了官方号令掌握和毁掉了其他诸侯国的兵器以及减弱其他诸侯国的实力和经济基础。

公元前221年秦朝成立。秦始皇建立了中央集权制度，将官职、法律和货币标准等统一起来。他对各地的文化传承进行了统一排斥，消除了分裂威胁，实现了中国历史上第一个统一的中央政权。

在秦始皇统一六国之后，开启了一系列的改革，其中包括统一度量衡标准。度量衡的统一加强了国家之间的贸易和物流管理，更促进国家的发展和治理效率。在统一过程中，秦始皇遇到了不少的困难。其中就有地域差异问题、技术限制和资金人力限制。

在秦朝之前，各个诸侯国都有自己的度量衡标准和体系。秦始皇需要在不同地区之间制定统一的标准，并确保这些标准能够适应当地的环境和需求；在技术方面，古代度量衡尺度精度和质量控制也存在一定限制。秦始皇需要解决技术上的困难，以确保度量衡系统的准确性和可靠性；在资金和人力方面，实现度量衡的统一需要大量的资金和人力资源。秦始皇需要调动整个国家的资源来完成这个任务。需要构建度量衡机构和相关部门，培训工匠，制造和校准度量器具，重新设计和制造各种度量衡器具等。

为了解决这些问题，秦始皇综合了各个诸侯国的度量衡标准，对以下几个方面进行了统一：

长度单位：秦始皇统一了长度单位，采用了尺、寻、里等单位，并规定了统一的换算关系。他将度量衡的标准化应用于土木工程、建筑和道路的规划与施工中，以确保各地的工程质量和相互连接的顺利。

---

[1] 新中国六十年社会主义现代化发展的经验启示 《学术论文联合库》
柳建辉

容量单位：秦始皇还对容量单位进行了统一，规定了升、斗、合等单位，并设立了专门负责检测和校准度量器具的机构。这样可以确保商贸活动中的计量准确性，防止欺诈行为的发生，并为商品的交流和运输提供了基本保障。

质量单位：秦始皇还统一了质量单位，规定了斤、两、钱等单位。通过统一质量单位，可以实现粮食、货物和其他商品的公平交易，并确保市场的稳定和国家财政的增长。

货币制度：秦始皇进一步推动了货币制度的统一。他废除了各个诸侯国自行铸造的货币，统一发行了秦币，以加强国家的财政管理和货币交易的稳定性 [1]。

在标准确立后，他立即下令制作并散布度量衡标准的书籍供人参考，同时设立专门机构负责度量衡标准的编纂和修订，还建立了一个信息传递的网络，以加强通信和协作。

为了确保度量衡的实施，秦始皇亲自颁布关于度量衡的政令，并明确表示对度量衡计量的权威性。他利用当时盛行的礼乐制度和法律制度来加强对度量衡的规范性和执行力。命令当时的官员和少数民族的代表随行检验度量衡标准的实行情况，如果发现有不合规范的，就要进行惩罚并调整标准。

秦始皇对度量衡的统一不仅在中国历史上具有重要意义，而且对于后来的王朝建立了统一的度量衡标准奠定了基础。这一统一举措为国家的商业和交往活动提供了便利，促进了经济的繁荣与发展。

汉武帝开拓西域、北击匈奴，罢黜百家独尊儒术等等，也是一代雄才大略的帝王；唐太宗的贞观之治使四方国家臣服，被称为"天可汗"也算是有为之君；而宋太祖结束了五代十国以来的乱世，让中原重新统一，也是一代英雄。词里惋惜这些并不是对他们的贬损，而是毛主席以天下为己任，有自信创造出比历史上的英雄们创造出更伟大的功绩。

秦始皇和汉武帝的统治方式展现了英雄思维的典范。他们在国家建设和治理上具备了远见卓识、果断坚决的特质。

秦始皇和汉武帝作为中国历史上杰出的皇帝，充分体现了英雄思维。

---

[1] 秦朝时期：钱币应用在政治经济文化上有何交汇点，对王朝有何

秦始皇通过对战国七雄的征服，统一了中国大陆，并实施了一系列改革措施，例如建立了标准化的度量衡、货币和文字，推行农业水利等发展措施。汉武帝继承了秦朝统一帝国基业，继续扩张国土，在西部地区开拓了通往中亚和欧洲的丝绸之路，同时加强了中央集权，建立了有效的行政机构和法律制度。这些措施展现了他们强烈的胆略和决断力，是英雄思维的典型代表。

唐太宗和宋太祖作为唐朝和宋朝的初创时期的皇帝，也体现了英雄思维的精神。他们不仅在政治上拥有卓越的才干，还具备了非常优秀的领导能力。唐太宗以"贞观之治"为标志，实施各种文化、教育、科技方面的发展措施，使得唐朝成为中国历史上的鼎盛时期。宋太祖也遵循了中央集权的管理原则，并实施了许多改革，包括重新安置流民、兴修水利、发展商业等。他还注重文化的发展，推广儒学，提倡书院教育，培养了一批才华横溢的士人，为宋朝的长治久安打下了良好的基础 [1]。

这几位皇帝都表现出了英雄思维的胆识和决策力，他们不畏艰险，始终以国家的利益为重，积极推动各种改革举措，为后世树立了榜样。他们的领导风格和掌握全局的能力，展现了真正的英雄气概。然而，在实践中，他们也存在一些缺点和争议，这是历史辩证法的观点。

总的来说，词如其人，《沁园春·雪》的格调显得非常开阔大气。结合当时的创作背景，它既是一代伟人内心的自我流露，也是对自己的一种激励和鞭策。所以在词的后面会说：数风流人物，还看今朝。

4.2 大爱思维

"关爱别人，受益自己"。世人要是拥有爱的思维，那他无论身处何方，就像是活在天堂里。

大爱思维被称为一种高尚的领导理念，它意味着企业领导者应该具备

---

[1] 试析长安的生活经历对杜甫"诗史"风格的影响《学术论文联合库》
王晓如

关心、帮助他人并从中受益的思维方式。这种思维模式突出了领导者的责任和担当，注重培养员工的发展和建立良好的团队合作关系。

4.2.1 大爱思维的内涵

关心他人：大爱思维强调领导者要关注员工的需求和关切，并以关怀之心对待每个员工。领导者应该倾听员工的意见和建议，关心他们的工作和生活，并提供支持和帮助。

帮助他人：大爱思维鼓励领导者主动为员工提供必要的资源和支持，帮助他们解决问题，克服困难，并促进他们的个人成长和职业发展。

受益自己：大爱思维认为，领导者通过帮助他人，可以收获更多的回报。当员工取得成功时，领导者也会因此而受益，因为这反映了领导者的能力和领导力。

建立良好的团队合作关系：大爱思维强调团队合作的重要性，鼓励领导者营造一个积极、和谐、相互帮助的工作氛围，使团队成员能够互相支持、激励和合作，实现共同的目标。

《牛犊》是中国古代文学中的一则著名寓言故事。故事中有一位农夫，他在田地里发现了一头刚出生的牛犊，它被迷失和孤单所困扰。这位农夫心生怜悯，便把牛犊带回家，喂养、照顾它，直到牛犊长大成为一头强壮的牛。

这个典故揭示了上帝思维的重要精神——帮助他人并从中受益。农夫看到牛犊的困境，并主动伸出援手。通过对牛犊的帮助和关心，他获得了一头能帮助他耕种土地、提供劳动力的强壮牛。

这个典故告诉我们，作为领导者，应该像农夫一样，主动去关心和帮助团队成员。通过为他们提供支持和指导，促进他们的成长和发展，领导者可以构建一个强大和有凝聚力的团队，并从中获得更好的绩效和回报。

善意是循环的，你传递出去的善意终有一天也会反馈到你的身上。看见别人的困难，及时伸出援手，温暖就会不断传递，我们都会因此受惠。

当年，孙权给刘备提供了暂居之地，孙刘联军，使曹操大军"谈笑间樯橹灰飞烟灭"，一把火使孙权消除了曹操的威胁又使刘备开辟了在蜀地的霸业，最终烧出了三国鼎立的局面。

善良的人，会更懂得换位思考，懂得站在别人的立场，推己及人地理解别人的悲欢，发自内心地做出有利于别人的言行。

大爱思维在企业中的应用

建立信任和关系：领导者应该与员工建立互信和良好的人际关系，营造一种开放和宽容的工作环境。这样，员工就会更愿意寻求领导者的帮助，并在困难时更加乐于接受支持。

了解员工需求：领导者应该主动了解员工的需求和期望，关心他们的成长和发展[1]。通过倾听和沟通，领导者可以提供适当的资源和机会，满足员工的需求，激发他们的积极性和工作动力。

提供支持和指导：领导者应该以身作则，给予员工正确的指导和建议。同时，通过培训、辅导和提供必要的资源，帮助员工克服困难和挑战，实现个人和职业目标。

激励和奖励：领导者可以通过激励措施，如奖励、晋升等，表彰和回报员工的优秀表现和成绩。这不仅可以增强员工的幸福感和满意度，也能进一步激发员工的积极性和工作动力。

总而言之，大爱思维是一种高尚的领导理念，强调企业领导者应该关心、帮助他人，并从中受益。通过建立良好的团队合作关系，领导者可以推动团队的共同发展和成功，并在此过程中实现自身的个人成长和价值传递。企业领导者应该深入理解大爱思维的内涵，并将其运用到实际工作中，以实现更加卓越的领导和管理效果。

4.3. 打破思维

司马光是中国北宋时期著名的政治家、学者和历史学家。他是北宋儒学"理学"派别的主要代表人物之一，被誉为"理学宗师"。

在其政治生涯中，司马光以清廉正直、忠于职守、依法行政著称。他

---

[1] 基于契合度的工作满意度影响因素的实证研究 《学术论文联合库》熊勇清

曾经担任过相当多的职务，他厉行节俭，勤于办公，整顿文官制度，开展选才用人活动，大力反对贪污腐败、徇私舞弊等不良现象。

司马光的忠诚和正直也曾经给他带来过风险和困难。司马光担任太常博士（主管宗教、礼仪事务的高级官员之一）期间。有一次，他在参加祭祀活动时，发现祭品里装的米麦与祭品本身不符，非常愤慨。为了表示抗议，他当场砸碎了一个空缸子（也有一说是礼器）。

这个事件引起了当时朝野的轩然大波，官府褒贬不一。而司马光的态度却一直非常坚定，他认为官员应该尊重祭品、遵守礼仪，不能随意曲解。因此，他不顾形势逼迫，坚持自己的原则和良心，也正是这一次的"打破"在历史上留下了深刻的印记。

打破，才能得生机。这就是司马光思维的精髓所在只有打破旧思维的桎梏，才会见光明它强调了摆脱束缚、突破传统思维的重要性，并指出在突破之后才能够看到更广阔的前景。

传统思维往往是习惯性地按照既定的模式和规则来思考和行动。然而，随着社会的不断进步和变化，旧有的观念和方法可能会变得过时或无法适应新的情境。

只有勇于打破旧有的思维框架，寻求创新和变革，才能够开辟新的道路和机会。通过思维的转变和超越，我们可以发现新的解决问题的方式，开辟新的领域，面对新的挑战。

同时，这也提醒我们要敢于质疑和挑战既有的权威和固有观念。只有打破旧有的束缚，才能够看到更广阔的视野，发现更多的创新和可能性。

"打破旧思维的桎梏，才会见光明"这句话鼓励人们积极思考、创新和变革，相信只有通过突破传统的限制，才能够迎接更美好的未来。

哥白尼的日心说

哥白尼的日心说是科学史上的重要里程碑之一，对人类对宇宙的认知产生了深远影响。以下是关于哥白尼的日心说的详细介绍，共计2000字。

哥白尼（Nicolaus Copernicus）是16世纪著名的波兰天文学家和数学家。他提出了一种新的宇宙模型，被称为日心说，与传统的地心说相对立。在地心说中，人们认为地球是宇宙的中心，而其他行星和太阳则绕着地球运行。然而，哥白尼的日心说却颠覆了这种传统观念，他认为太阳是宇宙的中心，而地球和其他行星则绕着太阳运行。

哥白尼的日心说理论首次完整呈现于其著作《天体运行论》（De revolutionibus orbium coelestium）中，这部著作于 1543 年匿名出版。

哥白尼认为太阳位于宇宙的中心，而地球是一个行星，和其他行星一样，绕着太阳运行。他认为，太阳是胜过地球的大而恒星体，因此应该是宇宙的中心 [1]。

哥白尼通过观察行星的运动，提出了一种复杂的模型来描述它们的轨道。他认为，行星的运动是由于太阳引力的作用而产生的，行星随着时间的推移在椭圆形轨道上运行。

哥白尼的日心说不仅解释了行星运动的轨道，还涉及地球的自转和公转。他认为地球每天自西向东自转一次，并且绕太阳公转一年。

哥白尼在《天体运行论》中详细列举了观测数据和实验证据来支持日心说。他通过精确观测太阳、行星和恒星的位置和运动，发现使用日心说可以更好地解释这些观测数据。

尽管哥白尼的日心说提供了一种新的宇宙模型，但它在当时并未受到广泛接受 [2]。由于其理论与当时宗教观念和传统学说相冲突，遭到了教会的反对。教会坚持地心说，并视哥白尼的理论为异端邪说。

然而，哥白尼的日心说却为后来科学的发展奠定了基础。它挑战了传统思维，推动了人类对宇宙的深入研究。日后，伽利略、开普勒等科学家通过更多观测和实验证据支持了日心说，最终确立了日心说的地位。

哥白尼的日心说具有重要意义。首先，它改变了人类对宇宙的观念，将太阳置于宇宙的中心，为后来的天文学研究提供了新的方向。其次，它促进了科学方法的发展，强调通过观测和实验证据来验证科学理论。最后，它启示人们应持怀疑态度，不断挑战既有观念，追求真理。

总结起来，哥白尼的日心说是一项革命性的科学理论，颠覆了传统的地心说观念，并为后来的科学研究奠定了基础 [3]。它鼓励人们对传统思维进

---

[1]　宇宙艺术——一个新的艺术种类 《学术论文联合库》 张彩华

[2]　东西方文化下的创造力产品比较分析 《学术论文联合库》 王亚男

[3]　对实践标准唯一性的思考 《学术论文联合库》 毛建儒

行反思，并通过观测和实验来追求更准确的知识。哥白尼的日心说为现代天文学和科学方法的发展做出了重要贡献。

司马光主张恢复中央集权、整顿官员、克制地方势力，以实现国家的长治久安。他对旧有制度的改革与打破持有积极态度，并在《资治通鉴》中详细记录了历史教训和政治观点。司马光认为，只有打破旧有的陈规陋习，进行全面而彻底的改革，才能推动国家走向繁荣和稳定。他的思想代表了一种打破旧有体制、追求新的发展路径的观点。

相比之下，日心说则是一种科学理论，由日本天文学家土御门庄助提出，即地球围绕太阳运行的理论。在当时，人们普遍认为地球是宇宙的中心，而日心说的提出实质上是对传统观念的突破。日心说的出现不仅在天文学上对传统观念进行了颠覆，也对整个科学领域产生了重大影响。它打破了以往的观念框架，为后来科学的发展开辟了新的道路。

司马光和日心说是两个不同领域的事例，却都体现了"打破才有出路"的道理。说明无论是在政治领域、科学领域或是其他领域，如果我们仅固守旧有的观念和制度，很难推动社会的进步和发展。只有勇于打破旧有的束缚、接受新思想和新理论，才能找到新的解决方案，实现个人、企业甚至国家的持续发展。

值得一提的是，尽管"打破才有出路"对于进步和创新非常重要，但也需要在正确的轨道上进行。我们需要基于深入思考和科学研究，谨慎评估不同的观点和理论，确保流行的新思潮和观念真正具备可行性和合理性。

4.4 孙子思维

"知己知彼，百战不殆"是一句源自《孙子兵法》的著名战争格言。其意思是，只有在先了解自己和对手的情况之后，才能制定出合适的战略，并在战争中取得胜利。这句话适用于战争，也适用于日常生活中的许多方面。

从军事战争的角度看，"知己知彼，百战不殆"是指，在策划和执行战斗计划时，必须先了解自己的实力、优劣势和对手的情况。这包括了军队的武器装备、兵力数量、作战能力等各方面因素。只有深入了解自己和对手的实力和特点，才能在战场上制定出合适的战术和策略，避免犯错并最终取得战争的胜利 391。

同样地，在日常生活中，我们也需要遵循这一原则。比如，在与他人交往、交流时，也需要知己知彼才能交流顺畅、相互理解。如果我们了解对方的个性、爱好、习惯等，就可以通过适当谈论这些话题来拉近彼此的距离。同时，我们也要了解自己的特点，包括个人的性格、能力以及优劣势。这些信息可以帮助我们更好地认识自己，找到自己的优势，并在互动中有针对性地发挥自身的长处。

当涉及商业竞争时，"知己知彼，百战不殆"也是非常重要的。企业在进行市场营销时也需要了解自己和竞争对手的情况。在制定营销计划时，需要考虑企业的实力、产品特点和市场需求，同时也需要深入研究竞争对手的产品特点、定价策略以及推广方式等。只有全面了解对手的情况，才能在市场竞争中开展有针对性的战略，增强企业的竞争力和市场份额。为此，企业需要采取一些研究和分析工具，例如市场调研、竞争分析和 SWOT 分析等。这些工具可以帮助企业了解自身和市场环境中的机会和威胁，识别竞争对手的强项和弱点，制定出更具有竞争力的市场策略。

这种日常生活中"知己知彼"的重要性还可以进一步扩展。比如，在管理团队中，领导需要充分了解团队成员的性格特点、工作能力、职责以及潜在问题等。这可以帮助领导制定更有效的工作计划和沟通策略，同时也使团队成员感到被理解和关心，加强团队凝聚力。领导可以采取一些管理工具和技术，例如 360 度反馈、个人评估和复盘分析等。这些工具可以帮助领导和员工更好地了解自己的优点和需要改进的方面，以便更好地发挥个人和团队的潜力。

总结起来，"知己知彼，百战不殆"是一种在军事战争、日常生活甚至商业竞争中都非常重要的原则 [1]。它强调了对自己和他人的了解与理解的重要性，并指出这种了解是成功的关键所在。无论是在工作、学习还是人际交往中，遵循这一原则可以提高我们的认识能力，增强自己的竞争优势，在各个方面取得更好的成果。

---

[1]　领导力法则：影响力法则《学术论文联合库》李文武

4.5 圣人思维

圣人思维不仅是一种高尚而智慧的思维方式，主张追求道德、善良和伟大的品质，并以利他为核心。更强调自律、反省和提升，打败自己的弱点和错误。一日三思，在行动之前多次思考、反省，并确保不犯过失。结合这几个理念，帮助实现个人成长和进步。

打败自己：

自省和认知：首先，要对自己进行深入的自省和认知，了解自己的弱点、限制和错误。只有真正认识到这些问题，才能有针对性地改进和打败自己。

设置目标：设定明确的目标，帮助自己转变和改变。根据自己的短板和需要改进的领域，制定目标，明确要达到的成果，并为此制定具体的计划和行动步骤。

持续自我反省：定期进行反思和自我评估，检查自己的进展和所做的决策。识别自己的偏差和错误，并思考如何纠正和改进。

一日三思几过：

思前：在做出任何决策或行动之前，花时间收集信息，了解问题的背景、范围和关键要素。包括内部和外部环境的情况、市场趋势、竞争对手的动态等。通过收集充分的信息，思考和规划。考虑可能的影响和结果，权衡利弊，确保决策的合理性和可行性以作出更明智的决策。

思中：在收集到信息后对其进行分析和评估。这包括对数据进行统计和解读，进行风险评估，并利用各种工具和方法进行决策分析。通过深入地分析，可以了解问题的本质、潜在的风险和机会，并对不同选项进行评估。

在准备阶段，还需要明确目标和制定相应的策略。这意味着定义所追求的结果，确定优先级和时间框架，并确定达成目标的策略和方法。这样可以为决策提供明确的导向和方向[1]。

做决策前还需要考虑各种利益相关方的立场和需求。这包括员工、客

---

[1]　目标与策略的有效发布，行动指南与技巧策略全解析

户、股东、合作伙伴等。通过了解和平衡各方的利益，做出更全面和公正的决策。

最后，在做决策前，领导应该制定详细的行动计划。这包括确定责任和资源分配，设置关键的里程碑和时间节点，并制定相应的执行措施和监测机制。这样可以确保决策能够顺利实施并取得预期的效果。

在行动过程中保持警觉，不断思考、评估和调整。关注行动的质量和效果，及时纠正错误，并根据情况做出必要的调整。

思后：行动之后，进行及时的回顾和总结。思考行动的结果，是否达到预期目标，是否有改进的空间，以及应该采取哪些措施来提高未来的表现。

孔子作为中国古代著名的思想家和教育家，强调修身齐家治国平天下。他强调个人品德的培养和自我反省，认为一个君子应该时刻反思自己的言行。他经常进行自省和反思，关注自己的行为是否符合礼仪和道德标准，以及是否对他人产生正面影响。

刘备是三国时期的蜀汉开国皇帝。作为一个出身寒微的领导者，刘备非常重视自身的修养和提升。他在做决策之前会与自己的谋士讨论，听取不同意见，并对自己的决策进行慎重考虑。他也会反思过去的错误，总结经验教训，以便今后更好地应对挑战。

这些古代领导者在做决策前都注重自我反省、准备和思考。他们积极纠正自身的缺点和错误，并在行动前多次思考和评估。这些实践不仅使他们个人更加成熟和进步，也对他们的领导能力和决策产生了积极的影响。

4.6 我们应采用什么样的思维

有什么样的思维，就有什么样的命运。思维对命运有决定性的作用[1]！

因此在道德经学用研习营中，思维的有效性这一构架贯穿了整个课程，明确提出了老子思想与世间最不同的两个点：柔弱思维与归零思维。

---

[1]　深度玄机："命运"的规律与"改命"原则 !!!

柔弱思维

在我们的字典里，从小接受的教育就是要"刚强"，我们从没有想过"柔弱"会对身体、对家庭、对企业、对社会有效。

在道德经第十章中，老子说我们的身体、思维能否像孩子一样柔弱呢？

当柔弱时，是可以不断对自己进行调整的；柔弱时，也是处于生命力生长、旺盛、年轻的状态！柔弱的状态就是人见人爱的状态。婴儿的状态，是让人最舒服的状态。

我们的言行举止能让别人舒服吗？柔弱思维，是我们生命的软实力和智慧。

所以老子特别强调，不要坚强，要柔弱！老子在第七十六章中告诉我们"柔弱胜刚强"，人的生死、草木的生死的不同状态足以说明柔弱和坚强哪一个对生命更有益。所以，"坚强者死之徒，柔弱者生之徒。"

说话是看得见的语言，思维是看不见的语言。

我们说话能否让别人舒服？让人舒服是非常高级的修行——柔弱思维，不是懦弱，而是要努力让别人舒服、让自己提升。

柔弱思维，用到哪里，成功到哪里——别人会感受到你的爱，别人就会对你发出一种感动、感恩的磁场。

那么一切都是圆形的运动，当我们帮助别人、感动别人、让别人成长时，我们也同步成长。

特别是，这种舒服回到我们心田时，我们的心田也在不断扩大。每个人心里都有三分地，可以通过自己的努力，不断扩大心灵的疆域。

为什么有些人说话、做事时，他的格局和智慧是别人遥不可及的？正是因为他的心灵疆域广大，而链接了高级智慧。

因此，老子说的"柔弱"，是说做的事、说的话都是利益别人的。

柔弱并不是懦弱无能，而是让我们去争博爱、争利他、争谦卑，是非常正能量的争！

老子说：天下没有谁能争得过一个柔弱的、利他的、为国家、企业、他人着想的人！

柔弱的概念是一个非常有担当的概念！

老子圣人思维的另一个核心是：归零思维。

即帮助了别人，自己不能占有功，而要把功德放在别人身上，千万要把自己归零。

我们在社会上做事，有了"归零思维"，我们就拥有了最受人欢迎的思维。即使有时没有即刻而来的物质上的回报，但上天关一扇门就会另开一扇窗，会给拥有归零思维的人加寿命、加健康、加其他的福分。

因为，生命总是平衡的。

世界上所有的事情都是相对的，学用道德经的目的就是扎扎实实找回自己心中的力量。

方法论就是道德经第二章中的"行不言之教，处无为之事。"

怎么做到？

方法论就是："生而弗有，为而不恃，长而不宰，功成而弗居。夫唯弗居，是以不去"——这就是成功的密码！

归零思维，就是做任何事都不能轻视任何人，不要觉得我学过了、我懂、我能、我是，也不要说教。

老子强调圣人就是把自己做好，形成榜样的力量，让边上的人温暖了，就会形成一种生命良性循环的趋势。

人生旅途中，10% 是既成事实，90% 是我们对发生问题的态度——这是灵活的，态度决定力量、思维决定生命走势。

人生百年太短暂，我们没时间尝试，只要按照天之道的柔弱思维、归零思维去做就好了。

如果我们不争、不求、不夸，通过自己努力、踏踏实实做到，也可以把自己的命运搞得风生水起、天长地久。

越是不突出自己，有归零思维，那么成功和能量自然会流向你，最后大家都拥护你，国家的资源也会来支持你。

道德经中所有的品质都是拿来用的，不是拿来学的！要是光拿来学的，就等于把道德经放在书架上，那太可惜了！

我们就从小事做起，把细节做好，从调整思维做起，让一切人在我们身边都感到舒服。

我们学习的目的是要找回自己心中的道，找到自己身上不符合神性品质的乱七八糟的东西剥开。

拨开乌云就见到，神性品质一亮出来，资源和力量都会流向我们。

道德经，能读懂多少，就照亮自己多少！

4.7 思维的核心问题

思想比成就更能长久

思维是人类活动的核心，它是人类认识和改造世界的重要手段。在各个领域，能够正确的思维和分析问题都是成功的关键。而思维的核心问题，也正是影响人类认识和理解世界的重要因素。以下是对思维的核心问题的详细阐述。

思维的核心问题之一是概念。概念是人们把世界划分成不同区域的抽象概括。例如，我们可以将动物划分为狗、猫、鸟等不同的类别。正确的概念是人们了解和处理信息的前提条件，但不同人对同一概念的理解可能不尽相同。因此，如何建立准确的概念体系是关键所在。

思维的核心问题之二是判断和推理。人类常常需要根据已有信息作出正确的判断，并进行有效的推理。逻辑学是研究推理规律的学科，它提供了有效的思维工具和方法，使人们能够更好地进行推理和判断。但是，推理和判断的准确性仍然取决于人们对信息的了解和对事实的理解。

思维的核心问题之三是归纳和演绎。 归纳推理是通过一般性规律推出具体情况，而演绎推理则是通过具体事实推出普遍规律[1]。 在日常生活中，归纳推理用于从不同的观察中提炼出规律，演绎推理则用于从已知的前提出发得出结论。两者都具有重要的思维功能。但是，正确的归纳和演绎也需要建立在准确信息和良好逻辑基础上。

思维的核心问题之四是解释问题。解释问题是指通过某种方式对现象进行解释或说明[2]。它与语言、符号和文化密切相关。例如，解释一件事物

---

[1] 【连载】"互联网＋"企业：六大商业模式《学术论文联合库》

[2] 工业化问题研究范式的反思和重构：从工业主义到重农主义《学术论文联合库》王立新

的意义可能依赖于文化背景。因此，人们的解释也会受到自己的文化、观念和经验等因素的影响。

思维的核心问题之五是创造性思维。创造性思维是指通过创新、发明、设计等方式产生新的概念、原型或方法。创造性思维在科学、技术和艺术领域发挥着重要作用。然而，创造性思维并非所有人都具备，它需要较高的智力、想象力和创造性思维技能。

思维具有多种核心问题，包括概念、判断和推理、归纳和演绎、解释和创造性思维等。这些核心问题对于人类认识和改造世界具有重要意义，可以指导我们正确地思考和解决问题。同时，这些核心问题也需要在日常生活中进行不断的实践和训练，以求更好地掌握思维方法和技能，提高自己的思维水平。

本章小结

本章的主要内容是思维。各人有各人的思维，因为有各色各样的思维，才会有各色各样的行为。我在《成功不只是一点点》（注：浙江大学出版社出版）一书中谈到，人的出路在哪里？出路在思路，而决定思路的是思维方式，决定思维方式的是价值观，决定价值观的是人生观，决定人生观的是世界观。世界观是源头，有什么样的世界观，就会有什么样的人生观，有什么样的人生观就会有什么样的价值观，就会有什么样的价值观，有什么样的价值观就会有什么样的思维方式，有什么样的思维方式就会有什么样的思路，有什么样的思路就会有什么样的行动计划，有什么样的行动就会有什么样的结果。

英雄思维是靠打败对手成就自己的英雄梦，而圣人是靠打败自我，不断修炼自己，最后成了圣人。所以，思维方式对每一个领导者来说，非常重要，必须加以重视。

第五章
领导的时机把握

5.1. 时机法则：掌握时机与善用策略同样重要

掌握时机和善用策略对于成功的领导者同样至关重要。掌握时机：领导者需要具备观察和分析环境变化的能力，以及判断何时采取行动的智慧。他们应该密切关注内外部环境的变化，并及时作出反应。通过敏锐的洞察力和正确的判断，领导者能够抓住机遇，应对挑战，并在适当的时机作出决策和行动。善用策略：领导者需要制定并实施合适的策略来达成目标。策略是在复杂、不确定的环境中引领组织和团队前进的指南。优秀的领导者善于制定明确的目标，并制定相应的策略和计划来实现这些目标。他们会根据不同的情况和挑战，灵活调整策略，寻找最佳的路径和解决方案。

时机和策略之间存在着相互关联和相互影响。掌握时机可以为策略的制定和实施提供有利的条件，而善用策略则可以最大程度地发挥时机所提供的机遇。领导者需要在不同的情况下灵活运用各种策略，以适应时机的变化，并推动组织和团队朝着预期的方向发展。

"时机的把握，天时地利人和"是一句流传已久的成语，指的是在实施某项计划或行动时，需要考虑到整体环境因素，包括时机、地点和人员等。下面我将对这句成语的含义进行解释。

天时：指的是自然环境和客观条件的变化。天时与人无法控制，但可以通过观察和预测来把握。这包括了市场需求、经济形势、政策环境等因素。对于领导者来说，关注天时意味着要时刻留意外部环境的变化，以及如何根据变化的天时作出相应的决策和行动。

地利：指的是地理位置、资源和环境等因素。地利与特定的地点和环境相关，可以包括物质条件、人才资源、技术发展等方面。领导者需要深入了解所处的地域、行业和组织内部的优势资源，以及如何有效利用这些资源来实现目标。

人和：指的是人才和团队的作用。优秀的领导者懂得重视人才和团队的力量，明确每个人的角色和职责，发挥个人潜力，并搭建良好的团队合

作氛围 [1]。通过合理分工、激励机制和有效地沟通协作，使团队成员能够在适当的时机和环境下发挥最大的能力。

"时机的把握，天时地利人和"强调了领导者在决策和行动中需要考虑到多方面因素。只有综合考虑天时、地利和人和，才能更好地抓住机遇，充分利用外部环境和内部资源，实现目标的成功。这也提醒着我们，在实践中要运用智慧和谋略，灵活应对不同的情况和变化，以获得最佳的结果。

一个领导者必须有把握天时地利人和的本领，而天时地利人和又可分大中小三个层面考虑，古人从大的来说是天干地支，60甲子；中的来讲，就是一年四季，24气节；小的来讲，是时辰，子午流注。先把握小的层面逐步积累才能把握住大的局面。

例如利用优势资源，深入了解所处的地域、行业和组织内部的优势资源，包括物质条件、人才资源、技术发展等方面。通过合理地利用这些资源，最大程度地发挥团队的潜力，提高组织的生产效率和市场竞争力。同时观察和分析环境变化，包括市场需求、经济形势、政策环境等方面的变化。通过对这些因素的观察和分析，可以了解市场趋势，把握机会，根据不同的情况和挑战，灵活调整策略，寻找最佳的路径和解决方案。在制定策略时，应考虑到整体环境因素，包括时机、地点和人员等，以制定最能适应当前环境的策略。接着搭建良好的团队合作氛围，重视人才和团队的力量，明确每个人的角色和职责，发挥个人潜力，并搭建良好的团队合作氛围。通过合理分工、激励机制和有效地沟通协作，使团队成员能够在适当的时机和环境下发挥最大的能力。最后把握时机，及时行动，根据观察和分析得出结论，并以此为基础，抓住最佳的时机来采取行动。在采取行动时，应尽快地将策略付诸实践，并随时根据实际情况进行调整和优化。

领导者利用"天时地利人和"抓住机会的关键在于全面考虑外部环境和内部资源，合理规划和调整策略，搭建良好的团队合作氛围，并及时行动。只有这样，才能最大程度地发挥组织和团队的潜力，实现高效运营和可持续发展。

司马懿是三国时期魏国的重要人物，也是中国历史上著名的谋略家和

---

[1]　关于中层管理者能力提升的思考《学术论文联合库》周文慧

政治家之一。他以其出色的智慧、冷静地思考和审时度势的能力而闻名于世。下面将为您详细介绍司马懿关于审时度势的故事。

在三国时期，魏国内部存在着曹爽与司马懿之间的权力斗争。曹爽是魏明帝曹叡的托孤大臣之一，他与司马懿共同辅佐年幼的魏帝曹芳。曹爽在权力斗争中逐渐占据上风，他通过排挤司马懿，逐渐掌握了朝政大权。

司马懿在曹爽掌权期间，表面上退居幕后，但实际上一直在积蓄力量，等待时机。

司马懿的策略是耐心等待时机。公元249年，司马懿发动了高平陵之变，利用曹爽及其兄弟离开洛阳祭拜魏明帝陵墓的机会，控制了京城，迫使曹爽交出权力。司马懿通过这次政变，成功地掌握了魏国的实际控制权。

司马懿的这个故事展示了他对形势的敏锐观察和精准判断能力。他能够正确地识别出曹爽的野心和政治失误，并利用自己的智慧和谋略，抓住时机并运用策略来达到自己的目的。

司马懿的审时度势和耐心等待的策略，是中国历史上一个非常有代表性的案例。他的智慧和冷静思考让他能够准确地洞察形势，审时度势，并以此为依据来制定相应的策略。这为后世人们提供了宝贵的启示，即在复杂多变的环境中，理性思考，善于观察和分析，找准时机，才能在竞争激烈的社会中立于不败之地。

5.2 知中有行，行中有知

知中有行，行中有知，这句话一直被视为一个人成长道路上的重要准则。在日常工作和生活中，我们需要不断地将学到的知识与实践相结合，这样才能真正地发挥自己的潜力，达到更高的成就。

知是行的基础。学习知识和技能是成长和进步的必经之路。通过课堂学习、书本阅读、专业培训等途径，我们可以掌握各种知识和技能，从而提高自身的素质和能力。

然而，仅仅停留在学习上还远远不够，我们需要将所学知识用于实践中，才能真正做到知行合一。只有在实践中，我们才能更好地理解知识的应用场景，并将其转化为能力和技能。例如，在项目管理中，一个好的项目经理不仅要了解各种管理方法和流程，更重要的是要将这些知识应用到具体的实践中，通过不断总结和改进，提升自身的项目管理能力。

行是知的积淀。通过实践，我们可以积累丰富的经验，这些经验可以帮助我们不断完善自身的技能和方法。例如在工程设计中，只有通过实践，不断总结和改进，才能提高自己的设计能力，并在更高层次上运用所学知识。

当然，要将知识和实践相结合并不是一件容易的事情。在实践中，我们经常遇到各种挑战和困难，这就需要我们牢固的知识基础和灵活的应变能力来帮助我们解决问题。同时，也需要不断地学习和反思，及时总结所学经验和教训，不断地调整和完善自身的方法和策略。

知行合一是一条漫长而艰辛的道路，但是只有在实践中才能发现自己的潜力和局限性，从而不断提高自身的素质和能力。最终，只有知行合一，我们才能真正做到以知驱行，以行促知，将所学的知识转化为行动力和实践能力，提升自身的领导力和竞争力，走向成功的路上[1]。

"知行合一"强调实践的重要性，意味着将知识转化为实际行动。这个理念在中国古代教育中受到很大的影响，同时也存在一些局限性。传统教育注重知识的传授和学习，但知识与行动之间往往脱节。然而，现代观点审视传统教育时可以发现其合理性，但也存在弊端。在现代教育中，学生完全做到"知行合一"是不太可能的。因此，"知行合一"并不是终极目标，而是一种手段和方法。我们需要理解知识与行动的本质和特点，才能更好地运用它。从这个角度来看，教育中的"知行合一"理念对当前的教育改革具有一定的启示作用[2]。

王阳明先生提出了"知是行的主意，行是知的功夫，知是行之始，行是

---

[1]　《当代社会生命道德教育研究》- 学位论文 彭舸珺，—兰州大学：博士 —兰州大学（学位论文）

[2]　《新思想引领大学生树立正确的世界观》- 郭增江 - 大学生论文联合对比库

知之成"的观点[1]。这强调了真正的知识必须通过实践来体现，否则不能称之为真正的知识。换言之，只有去实践，你才能真正拥有这个知识。在工作中，只有实践与知识相结合，工作能力才能不断提高，工作才会更加高效和卓越。知行合一的关键在于如何将知识转化为实践，如何通过实践来提升知识[2]。

在行动中，我们需要及时抓住机会。如果等待时机成熟才行动，可能永远都无法开始。现实世界中往往没有完美的时机，时间流逝、市场变化、竞争加剧等因素都可能影响到事情的进行。因此，我们应该立即行动，一旦问题出现就解决，一旦发现机会的苗头就抓住[3]。

同时，我们应该多做而少想。如果想要锻炼身体或者有好的想法，要立即行动！否则，细节会变得模糊甚至完全忘记。想成为行动家，就需要付诸更多的实际行动，所以要多做而不是只是思考。

当有了想法时，要立刻采取行动。想法虽然重要，但只有实现后才会有价值。如果你有一个好的想法，就要立即与团队成员一起去实践，否则它永远不会变为现实。

行动会减少恐惧。即使是经验丰富的演讲家，在上台演讲时也会感到焦虑，但一旦开始行动，恐惧就会消失。最难得是开始行动的那一刻，一旦开始，事情就会变得简单起来。

"领导知中有行，行中有知"是一句非常经典的管理理念。它强调了行动与知识的互动和相辅相成的关系。

这句话告诉我们，在领导岗位上，仅靠拥有知识是不够的。领导者必须将知识应用到实际工作中，通过行动来体现其能力。只有具备实际操作能力，才能更好地引导团队，推动工作的进展。

"行中有知"也意味着在行动的过程中，领导者也可以获取新的知识和

---

[1]　王阳明"一念发动处即是行"解析《学术论文联合库》李素平

[2]　《改革开放年来大学生人生观的变化与发展》- 学位论文 李娟，- 江南大学：思想政治教育 —江南大学（学位论文）

[3]　《大学生《思想道德修养与法律基础》多媒体整合课的研究与实践》- 学位论文 王晓东，- 天津师范大学: 教育技术 —天津师范大学（学位论文）

经验。在实际工作中，领导者会遇到许多问题和挑战，通过解决这些问题和挑战，他们可以积累丰富的经验和知识。这种经验和知识的积累，会让领导者更加从容和自信地面对未来的工作。

因此，从实际角度而言，"领导知中有行，行中有知"强调了领导者需要将知识转化为实际行动，将理论知识贯穿于实际工作中，实现知行合一，同时也需要在实际行动中不断学习和积累经验。这种理念一直是管理学的重要内容之一，也是现代管理者必须掌握的核心技能之一。

在今天这个充满变化和机会的时代，我们需要不断地将知识与实践相结合，将所学的知识转化为实际应用和创新，成为思考敏锐、做事果断的领袖。知中有行，行中有知，才是我们成长和进步的不变准则。

5.3 以知为行，知决定行

以知为行，知决定行。这句简短的话背后蕴含着深刻的道理。它强调了知识对于行动的决定性作用。在现代社会，知识已经成为不可或缺的资源，它能够指导人们的行为和选择。下面我将从几个方面展开阐述，说明为什么以知为行，知决定行。

孔子认为知和行的主体是人，即人的思想和行为。在《论语》中，孔子强调了人的差异性，提出了因材施教的观点。他认为人们应该根据不同的情况和个体特点来进行教育和引导。

在知的方面，孔子主张以仁和礼为核心。他在《论语》中不同语境中对于仁的表述多种多样，一直强调人们要知仁、行仁，并强调通过礼乐来实现仁义。对于礼的重视也可以从批判季氏践踏礼乐的行为中看出。

在如何知的问题上，孔子提出了两点：一是不要不懂装懂，要明确自己的知识范围；二是要善于向他人学习，不拘身份地位。只有这样，才能不断进步。他还强调要敏而好学，不耻下问。

至于行的方面，无论是孔子自己以身作则传道授业解惑，还是提倡为政以德的理念，都属于以行践行仁和实践知的范畴。在孔子看来，知和行是密不可分的，学习与思考结合，学而时习之才能有所成就。

在后来的宋明理学时期，知行观得到进一步发展。工程明确提出了"知先行后"的观点，强调知识的重要性，并认为知和行联系在一起才能真正明理。朱熹则在此基础上提出了自己的看法，认为知和行是相互联系的，不可分割，但在先后关系上知在行先，在轻重关系上行为重。

知识是行动的基础和前提。在进行任何行动之前，我们需要获取相关的知识和信息。只有通过学习和掌握必要的知识，我们才能做出明智的决策、制定正确的计划，并且能够在行动中应对各种挑战和问题[1]。例如，如果要进行一项新的商业投资，我们需要了解市场情况、竞争环境、风险评估等多方面的知识，才能做出明智的决策。

知识可以提升行动的效果和成果。拥有更多的知识意味着我们能够更好地理解事物的本质和规律，更准确地把握问题的关键点，更高效地解决问题和实现目标。知识是经验的积累和总结，它可以帮助我们避免重复犯错，提高工作和生活的效率。例如，在管理团队时，如果我们具备了管理知识，能够灵活运用各种管理理论和方法，就能够更好地激发团队成员的潜力，调动资源，推动目标的达成。

此外，知识还能够培养良好的行动品质和能力。知识不仅仅是指学科知识，还包括了道德伦理、思维能力、沟通技巧等方面的知识。这些知识能够塑造我们的价值观、规范我们的行为，让我们更有自信和坚定地去追求我们的目标。在行动中，我们需要具备创新思维、问题解决能力、团队合作精神等能力，这些能力都是通过知识的学习和实践来培养的。

知识还能够引导正确的行动方向。在现代社会，信息爆炸、信息泛滥的情况下，我们需要依靠知识来筛选和分析信息，找到真正有价值和可信赖的信息。只有通过准确的知识判断，我们才能够做出明智的决策和选择。同时，知识还能够帮助我们树立正确的价值观和人生追求，让行动更加有意义和有价值。

知和行的关系是密切相互依赖的，只有通过不断学习、思考和实践，才能真正实现人的全面发展和道德修养。

---

[1] 关于生活数学化 数学生活化《学术论文联合库》王咏梅

以知为行，知决定行。知识不仅是行动的基础和前提，还能够提升行动的效果和成果，培养良好的行动品质和能力，引导正确的行动方向。在现代社会，我们应该重视知识的学习和运用，不断提升自己的知识水平，用知识指导我们的行动，实现个人和社会的全面发展。

领导以知为行，意味着领导者的行动是根据自身所掌握的知识和理念来决策和实施的。知识对于领导者来说具有重要的指导作用，可以帮助他们更好地认识和理解问题，从而做出准确和明智的决策。

知识帮助领导者深入了解和把握所面临的情境和环境。通过广泛地学习和积累知识，领导者可以获取更多的信息和数据，了解各种因素的影响和相互关系，从而更准确地把握局势，做出应对措施。

知识有助于领导者形成正确的价值观和决策原则。通过学习和思考，领导者可以建立起自己的价值观和伦理观念，明确道德底线和原则，并将其运用到实际的决策和行动中。这样，他们就能够在复杂的情境中判断和选择，遵循正确的道路。

知识还为领导者提供了解决问题和推动变革的思路和方法。通过学习和研究，领导者可以获取各种实用的工具和技能，掌握解决问题和推动变革的有效策略。在面临挑战和困境时，他们可以运用所学知识进行分析和判断，找到合适的解决方案。

知识仅仅是行动的一部分，领导者还需要将知识转化为实际的行动和成果。只有将所学知识付诸行动，才能真正影响和改变现实。因此，领导者需要具备实施能力和执行力，将知识转化为实践，并不断调整和完善自己的行动。

领导以知为行意味着知识对于领导者来说具有重要的决策和指导作用。通过不断学习和应用所学知识，领导者能够更好地理解问题、形成正确的价值观和决策原则，并将其转化为实际的行动和成果。但知识仅仅是行动的基础，领导者还需要具备实施能力和执行力，将知识付诸实践。

本章小结

本章的主要观点是，领导者必须能把握时机，易经中的三才，讲的就是天时地利人和，三国诸葛亮借东风就是把握了时机，什么的时候就会产生什么样的机，过了这个时就没有这个机，过了时即使有机，也一定不是原来的机。

所以作为一个领导者，学会把控时机，学会分析天时地利人和是一项重要的基本功。刘伯承元帅曾提出"五行说"，即指挥员在战前要掌握任务、敌情、我情、时间、地形等五个方面的情报才能取得胜利。而一旦缺乏这些情报，按刘伯承元帅的说法，就会"五行不定，输得干干净净"。所以能分析天时地利人和，学会把控时机，是一个领导者必须学会的基本功之一。

第六章

领导者的三观

世界观、人生观和价值观是相互关联、相互作用的概念，它们在一个人或一个群体的思想体系中起着重要的作用。

世界观是对整个世界的看法和理解，包括对于世界存在、发展规律、人类社会结构、历史进程等的认识。它是一个人或一个群体对于外部客观世界的总体认识和观点。世界观的形成受到多种因素的影响，如文化、教育、社会环境等。

人生观是对人生目的和意义的根本看法。它涉及个体的人生追求、自我实现、价值观念以及对待生活的态度等方面 [1]。人生观的形成通常与个人的内心体验、社会经历、价值取向等密切相关。

价值观是对于价值的评判和选择，它反映了个体对于善恶、美丑、正义等价值标准的认同和追求。价值观的形成既有个体内在的道德感和审美观念，也受到社会文化、伦理道德规范等因素的影响。

三者之间的关系是相互作用、相互影响的。世界观为人生观和价值观提供了认知和思考的基础，它决定了个体对于世界及其规律的认知，进而影响到人生观和价值观的形成。人生观则反过来影响着世界观的发展和选择。而价值观则在一定程度上指导和塑造着人生观和世界观的具体内容和实践。

世界观、人生观和价值观是相辅相成、相互依存的概念，它们共同构成了一个人或一个群体的思想体系，对于个体的行为、选择和社会的发展都具有重要的影响。

正确的世界观和人生观可以使人们明确自己的方向，找到自己在社会中的位置和作用，激发个人的积极性和创造性，促进个人的全面发展和提高。同时，也有助于建立和谐的人际关系，维护社会的稳定和发展。因此，我们应该重视世界观和人生观的培养，注重自我认识和思考，不断完善自己的世界观和人生观，在实践中积极践行，为自己和社会做出更多有益的贡献。不同的领导者有着不同的政治立场、价值观和信仰体系。他们的三观通常是在他们的生活经历、教育背景、社会环境等多种因素的影响下形成的。

一般来说，一个合格的领导者应该具备以下几个方面的观点：

---

[1] 浅议中学生世界观、人生观和价值观教育 《学术论文联合库》 陈建霞

1. 正确的世界观：应该具备科学的世界观，理解人类社会的发展规律和全球化的趋势，关注国际关系、全球议题以及其他国家和地区的利益和发展。

2. 正确的人生观：应该秉持为人民服务的宗旨，关心人民的福祉，追求社会公平正义，注重人的全面发展和幸福感。

3. 正确的价值观：应该具备道德伦理的高度，坚守公正、诚信、公平等核心价值观念，倡导尊重人权、尊严和多元文化，推动社会进步和民主发展[1]。

需要强调的是，领导者的三观不能仅仅停留在口头表达上，更要通过实际行动和政策实施来体现。只有真正践行正确的世界观、人生观和价值观，才能得到人民的信任和支持，并为社会的进步和发展作出实质性的贡献。

6.1 树立正确世界观

世界观可以理解为一个人对世界的根本观点和看法，它反映了个体对自我和现实的结构和哲学意涵。世界观具有实践性，是不断更新、完善和优化的。根据对意识和物质、思维和存在关系的解答，世界观可划分为唯心主义和唯物主义两种类型[2]。

世界观是个体对不同生活事件整体表达的内在动力，在个体之间存在着不同的理解和态度，这些态度可以影响个体的行为和思考方式。世界观可以将个体所持有的各种观点组织和整合起来，形成一个总体的意向和思维方式。它是一个抽象的架构，用于整理个人的信息、排序和指导个体对自我和世界的态度。

世界观并非具体事件的因果影响或个体心理中的存在，它是一个概念网络，根据个体对目标的态度而生成和设计出来的。世界观不能独立于生活事件来理解，它应该被视为对生活方式的解释。世界观不仅涉及思想，

---

[1] 浅谈《金银岛》中的经济伦理思想 《学术论文联合库》周莉莉

[2] 世界观是人们在实践中形成的具体 (世界观来源于人们的实践

还涉及情感、计划、希望、行为、幻想、选择等个体的各个方面，它渗透在个体对自身和世界的理解方式中。

世界观是一个人对世界的根本观点和看法，它决定了个体对世界的理解和行为方式，可以通过整合个人的观点和态度来形成一个总体的意向和思维方式。世界观反映了个体对自我和现实的结构和哲学意涵，是不断更新和完善的。

一、学习知识，开阔眼界

每个人都有自己的世界观架构，但是要丰富自己的世界观就需要有一定的知识储备和丰富的阅历。只有通过学习，才能够不断地丰富自己的知识储备，开阔自己的眼界。可以通过看书、听讲座、看电影等多种途径来获取知识，这些知识可以帮助人们更好地认识世界，从而形成自己的世界观。

这里提到了两点，一点是知识储备，一点是丰富的阅历。

大部分人的知识储备都很局限，分别来自时代局限和格局局限。永远能意识到自我存在局限，是我认为人类最可爱的优点之一。

知识面的时代局限意思是，某些观点和结论只有在特定的时间、环境下才能适用，放到其他时代背景下就未必适用了。所以我们要打破时代的局限，带着批判性思维去学习。

知识面的格局局限意思是，每个人都有"元无知"就是自己不知道的一些概念，那个维度不在你的知识优先级序列里。你只能接触和感知你自己的世界。

所以，基于时代局限和格局局限，我们要形成自己的批判性思维，拆解自己的思考过程，评估思考过程，从思考框架出发，重构或提升思考过程。

简单来说就是优化自己的思考过程，在知识储备方面打破时代局限和格局局限，形成属于自己的批判性思维。

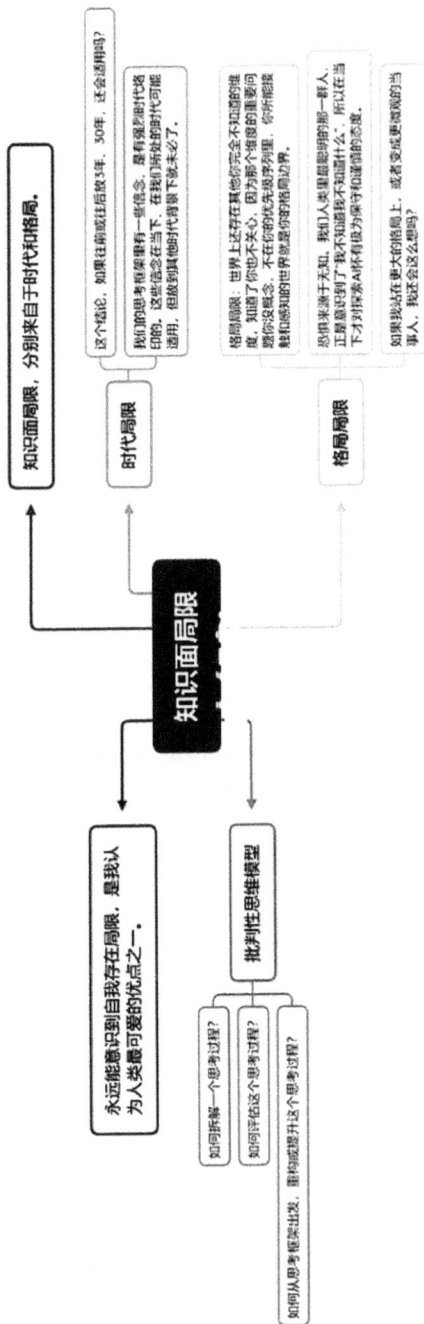

知识面局限，分别来自于时代和格局。

知识面局限

时代局限
- 这个信念，如果往前或往后放3年、30年，还会适用吗?
- 我的思考是相信某种有一些信念，是带有强烈时代烙印的。这些信念在当下、在我们所处的时代可能适用，但放如其他时代背景下就未必了。

格局局限
- 格局局限: 世界上还存在其他你完全不知道的维度。知道了你也不关心，因为那个维度的重要性、强度的优先级排序里面，你所能接触到感知到的世界，是你所知道的边界。
- 恐惧来源于无知，我们人类最愚蠢的那一个人，正是意识到了我们不知道我们不知道什么，所以在当下才对探索A怀有极为保守和谨慎的态度。
- 如果我站在更大的格局上，或者说实际更高级观视的当事人，我还会这么想吗?

永远能意识到自我存在局限，是我认为人类最可爱的优点之一。

批判性思维模型
- 如何拆解一个思考过程?
- 如何评估这个思考过程?
- 重构或提升这个思考过程?
- 如何从人思考框架出发，重构或提升这个思考过程?

如上所述，有了足够的知识储备后就要学会架构思维，将思维分类，再针对性地补足内容完善架构。例如如果你想学习如何去判断分析，就多看社会学的书，这类书中蕴含了大部分生活的本质和规律，能够教会你从各种角度客观地去分析一个人一个事；如果你想要深入探索生活的本质，就多看哲学类的书，这类书可以更好地帮助你看到意识和现实的碰撞让你不执着于眼前的一亩之地而是学会看得更远，挖得更深。

读万卷书，行万里路。一个宽阔的眼界不仅可以为自己指明前进的方向，同时也可以给自己带来宽广的胸怀让自己更好地去拥有明辨是非的能力，也可以更好地去建立和谐的人际关系，为自己未来的发展奠定坚实的基础[1]。

当一个人的眼界受到局限之后，他所考虑的事情都是只关注眼前的，对于未来却很少会去进行思考，所以在这样的局面下自己所做的决定往往容易鼠目寸光，为之带来很多不可估量的问题。

在工作中一个人眼界受到限制，不仅影响的是个人的财富收入，同时也在不知不觉之中影响着自己的未来发展。

科技的快速发展不断地进行知识的更新迭代，知识的更新带动了个人技能的变革，而个人在掌握一个技能之后，很容易陷入安逸的生活状态之中，当有眼界的人都在开始进行学习改变之时，个人却依旧自信满满，得过且过，时间是无情的，快速发展的科技对任何人都是平等且无情的，因此在这样快速变化的浪潮之中，没有远见的人很容易被淘汰。

财富对于个人的生活是极其相关的，因为生活之中的多数时候我们都需要财富来进行支撑自己的生活运行，但是个人生活在群体之中，因此对于财富我们应当做出正确的使用方法。

当个人眼界不够宽广之时，很容易因为眼前的蝇头小利而去与他人进行斤斤计较，最后导致自己的人际关系极差，因此会让人感觉做什么事情都不顺畅，自己的发展很容易受到限制。

因此一个人的眼界，不仅标志着个人学识的高低，同时也在很大程度上影响着个人未来的发展成就，对自己的人生机遇起着至关重要的作用。

---

[1] 开阔眼界的重要性《互联网文档资源》

二、反思自己的生活经历

自我反思是一种理性思考和自我批评的方式，有助于我们认识自己的优点和缺点，掌握自己的情绪和行为，推动自己成长和发展。但为什么我们需要自我反思？下面就此作一个探讨。

第一自我反思是提高认知能力和情商的重要途径。每个人都有自己的优点和缺点，自我反思可以帮助我们更好地了解自己。只有认清自己的缺点，才能积极地改进和发展自己。而通过自我反思，我们会更好地了解自己的情绪和行为，增加自我控制能力，更好地实现自我管理和调节，达到更加成熟和高效的人生目标。

第二自我反思可以帮助我们更好地理解和相处。人际交往中，沟通难免受到各种因素的影响，如情绪、性格、习惯等等。只有在认识到自身的局限性和缺点后，我们才能更好地理解和容忍他人的缺点。通过自我反思，我们可以更好地理解和尊重他人，积极地改进自己的交际能力和沟通技巧，学会控制自己的情绪和表达方式，从而赢得更好的人际关系。

第三，自我反思有助于提高自己的领导能力和独立性。领导者需要具备自我反思的能力，从而更好地领导团队，并预见和解决问题。而对于个人来说，自我反思是一种内部独白，可以促进个人成长和习惯的养成。而这些成长和习惯的养成，可以转化为个人的自主性和独立性，对于自我管理、工作效率和生活素质都有很大的帮助。

自我反思是一种非常重要的思考方式，可以提高认知和情商，加强人际交往，增强领导力和独立性。虽然自我反思是一件很难的事情，但是对于我们未来的方向和生活目标有着至关重要的作用。因此，我们应该充分利用自我反思的方式来了解自己，提高自己，推动自己的成长和发展。

生活经历是一个人建立自己世界观的重要来源。自己的生活经历是一个人对于世界的认识和思考的重要依据。通过对自己的生活经历进行反思和总结，可以更好地理解自己的人生轨迹，从而形成自己的世界观。

三、接触不同的文化和人群

社交是社会群体中的个体通过不同途径与他人或群体建立关系并获得关注的一种社会属性需求。社会生活的快节奏发展与社会转型期的时代特征使得个体开始在网络中获得认同感、被需要感和参与感。

不同的文化和人群有不同的价值观和生活方式，通过接触不同的文化和人群可以拓宽自己的视野，从而更好地理解世界和人类。可以通过旅游、学习外语、参加社交活动等方式来接触不同的文化和人群，从而建立自己的世界观。

四、思辨和分析

建立自己的世界观需要具备思辨和分析的能力。通过思辨和分析，可以更加深入地认识世界和人类，从而更好地形成自己的世界观。可以通过阅读哲学、逻辑等方面的书籍来提高自己的思辨和分析能力。

建立自己的世界观是一个长期的过程，需要不断地学习和思考。只有具备了丰富的知识储备、开阔的视野、深入的思辨和分析能力以及对生活经历的反思，才能形成自己的独特世界观。

6.2 树立正确人生观

人生观是指一个人对于人生意义、目标和价值的看法和态度。它涉及个人的价值观、信仰体系、世界观等多个层面，反映了一个人对自己所处的世界及其意义的理解和认知。

人生观通常包括以下几个方面：

人生目标和追求：人生观涉及一个人对于人生目标的设定和追求。不同的人可能有不同的人生目标，如追求幸福、成功、成就、家庭、精神追求等等。人生观会影响一个人对于自己的努力方向和价值取向。

人生意义和价值观：人生观还涉及对于人生意义和价值的认知和评价。

不同的人可能有不同的人生意义观念，如追求真理、关爱他人、创造美好、奉献社会等等。人生观会对一个人的行为和选择产生深远影响。

世界观和价值观：人生观也与一个人的世界观和价值观密切相关。世界观是指一个人对于整个世界的认知和看法，而价值观则涉及一个人对于道德、公正、诚信、自由等价值的评判和追求。世界观和价值观是人生观的基础，对于个人的行为和选择起到指导作用。

哲学思考和信仰体系：人生观还可能受到哲学思考和个人的信仰体系的影响。哲学思考可以帮助人们探索人生的本质和意义，而信仰体系则提供了对于宇宙和人生存在的解释和指引。

人生观是一个人深层次的思想和信仰体系，它会在个人的行为、态度和选择上产生重要影响。一个积极、健康的人生观有助于人们树立正确的人生目标，培养良好的价值观念，实现自我价值和幸福感。

准确把握个人与社会的辩证关系，这是人生观教育教学的基本理论依据。人通过"有意识的生命活动"将自己与动物区别开来，从而创造人生意义。这种创造性实践有赖于他人或社会提供的条件，人们在其中结成各种社会联系，并在不断变化的社会关系中塑造自我、改造世界。"不是人与动物的关系，也不是像费尔巴哈所谓人的'类本质'，而只有人与人的社会关系才决定人的社会本质。"马克思主义强调人的社会关系总和决定人的本质，不是简单地从人畜区别或者抽象类本质的角度去认识人，而是要求从社会关系出发去把握人的本质，关注现实的而非虚幻或抽象的人，在指明社会性是人的本质属性的同时，也为认识人生、形成正确人生观提供科学的方法论。由此，如何处理个人与社会的关系成为认识和处理人生问题的重要着眼点和出发点。

二者相互依存、相互制约、相互促进，是对立统一的关系。没有一个个具体的人，便无所谓社会；离开了社会，个体连生存都会出现问题，更遑论成长及发展。由于社会性是人的本质属性，处理二者关系时应该考虑将社会放在首要地位，个体只有在推动社会进步的过程中才能够实现自我发展，其人生意义也只有在社会实践中才能得以实现。

个人与社会的辩证统一关系构成人们处理一切人生问题的基本理论依据，无论是树立正确的人生目的，还是选择健康的人生态度，抑或运用科学的人生价值评价标准与方法来确立自己的价值追求，都应该建立在对这一辩证关系的准确把握基础之上。即便在人工智能时代，个体的生存与发展将遭遇前所未有的挑战，人生价值的具体创造需要进行新的反思，但人机交互本质上仍然是人与人、人与社会的关系。

一定意义上，开展人生观教育教学，就是要教育大学生学会正确处理个人与社会关系的方法。当前暴露出来的很多社会问题，从人生观的角度来看，恰恰是没能从根本上正确处理二者关系造成的。比如，资本逻辑会将人与人的社会关系看作人与物的关系，资本逻辑驱使下对二者关系的不当处理就可能会使人陷入自私自利的极端个人主义或拜金主义。只有从现实的社会关系出发，才能够把握处理人生问题的真谛。

陶渊明是我国唐代文学家、文化名人，在中国文学史上有着不可磨灭的地位。作为一个知名的文化名人，陶渊明有很多优秀的作品，其中包括大量关于宿命论的观点。

宿命论是指一种哲学观点，认为人的一切遭遇都是天定之命所决定的，任何的全然自由都是不存在的。对于宿命论的观点，陶渊明有着自己的独特看法。

陶渊明的宿命论主要体现在他的诗歌和散文中。他经常在作品中反复强调，人的寿夭、福祸、贫富、智愚都是与生俱来的，是注定的命运，不能改变。他深信一切遭遇都是命中注定，因此人应当顺其自然，知道天命才能破除世俗的牵绊和执着。陶渊明对于命中注定的态度体现了他的乐天知命观念，他认为人的命运就像寒暑更迭一样，衰荣交替，都是自然现象。他认为穷富生死都是天命所定，所以无须为此忧虑。他鼓励人们放松心态，顺应天命，乐观地享受生活。

陶渊明的宿命论观点丰富多彩，充满哲学思考。他在《归去来兮辞·并序》中写道："寓形宇内复几时？曷不委心任去留？"这一句话表达他对于生死的态度，认为人的生命有限，但是真正重要的是保持一颗坚定的心，留下深刻的印记。他也曾在《饮酒》中提到："结庐在人境，而无车马喧。"表达了人生短暂，需要找到自我而非为了名利而去争抢。在《形影神赠答诗》中，他还说"纵浪大化中，不喜亦不惧。"表达了他追求天人合一，安然淡定，无我忘我的心态。

陶渊明的宿命论认为人的寿夭、穷通、贤愚都属于自然天命。他深信一切遭遇都是命中注定，因此人应当顺其自然，知道天命才能破除世俗的牵绊和执着。陶渊明对于命中注定的态度体现了他的乐天知命观念，他认为人的命运就像寒暑更迭一样，衰荣交替，都是自然现象。他认为穷通生死都是天命所定，所以无须为此忧虑。他鼓励人们放松心态，顺应天命，乐观地享受生活。

在养生方面，陶渊明主张淡泊任真，追求素朴和清静。他强调保持纯朴的心态，少私欲，以守护自己的真性。陶渊明看重养真，他追求自己内心的纯朴，并选择远离世俗的名利之争，以保持清明虚静的状态。他认为知足、知止是养生之道，不争不贪，可以使人保持长久。

在生死问题上，陶渊明认为生死是自然现象，是人生的必然经历。他认为生死无常，没有什么是永恒不变的。他随顺自然，看淡生死，泰然处之。但在某些情感层面上，他也表达了对生死的忧虑和恐惧，因为他仍受到俗情的束缚。因此，他通过饮酒和及时行乐来暂时遗忘对死亡的恐惧和忧虑。

陶渊明的宿命论体现了他对乐天知命的态度，在面对命运的安排时保持淡然和放松的心态。他强调养真，追求素朴和清静，以守护自己的真性。在生死问题上，他既能理性地接受生死是自然现象，又在情理之中。

树立正确的世界观、人生观、价值观，需要我们正确地认识世界，正确地认识自己，积极实现自己的人生价值。

在日常生活中，我们应该乐观向上，积极进取，生命不止，奋斗不息。这需要我们清楚地认识自己，不做无所谓的挣扎，不做无所谓的放弃。

我们应该正视审视自己生存的目的和意义，妥善处理朋友之间、亲人之间等各种人际关系。舍小我，为大我，成为有着道德情操，充满正能量，有着远大目标的人。

最后，我们还需要终身学习，有一技之长傍身。讲诚信讲文明，生活中乐于助人，做好自己的本职工作，在自己的岗位上发光发热。把自己的青春，无悔地投入祖国的伟大建设中去。

树立正确的世界观、人生观和价值观对每个人都是至关重要的。尤其在面对现在这个充满了各种诱惑的世界时，更应该要树立马克思主义世界观，运用辩证唯物主义和历史唯物主义的基本原理，具体问题具体分析，解放思想、实事求是，一切从实际出发来解决我们在现实生活中遇到的各种问题[1]。只有树立正确的世界观、人生观和价值观，一个人的人生旅途才有远处的灯塔，手中的指明灯和脚下延伸的路以及披荆斩棘的勇气，才有可能成为一个高尚的，脱离了低级趣味的，有益于人民的人。

6.3 树立正确价值观

价值观是指个人或群体对于价值的认知、评判和取向，是对于什么是好的、有意义的和值得追求的东西的看法和态度。它是人们对于道德、伦理、美学、社会行为等方面的评价标准和信念系统。

价值观通常包括以下几个要素：

个人的核心价值：个人的核心价值是指个人在生活中最为重视的价值取向。这可能涉及诸如真理、善良、公正、自由、尊重、责任等方面的价值观。个人的核心价值反映了其内在的信念和追求，对于个人决策和行为起到指导作用。

社会和文化的价值观：不同社会和文化之间会存在着不同的价值观念。社会和文化的价值观是指在特定社会和文化环境中普遍认可的、被社群共享的价值取向。这些价值观可能包括家庭观念、社会公德、荣誉、权力等等。

伦理和道德价值观：伦理和道德价值观是指对于正确和错误、善恶、道德义务等方面的看法和态度。它涉及个人对于道德准则的理解和遵循，以及对于社会和个人行为负责任的要求。

美学价值观：美学价值观是指对于艺术、美学品位和审美体验的认知和取向。个人的美学价值观反映了其对于美的追求和欣赏能力，可能包括对于艺术作品、音乐、文学、建筑等方面的偏好和评价。

价值观在个人和社会生活中起到重要的作用，它影响着个人的行为和决策，同时也塑造了社会的道德标准和行为规范。价值观是一个人或群体的基本信仰系统，它对于个人的成长、幸福感和自我实现具有深远的影响。

---

[1]　明清经济发展史上政府作用刍议《学术论文联合库》栾成显

同时，不同的价值观之间可能存在差异和冲突，在社会交往中需要尊重和理解他人的价值观念，维护相互之间的和谐与包容。

正确的价值观，是对人、对事、对物的结果，都应该产生一个好的意义。往大了说对国家、其次对一个社会群体，以及个人都应该产生一个积极向上的作用。

借鉴先辈们正确的知识理论，勇于实践。然后在具体的学习生活实践中去培养、形成和提升自己崇高的人生价值观。保持精神世界的充沛。

物质世界，诱惑的因素太多，心智的不坚定，极易造成对这个世界价值的扭曲理解。保持精神世界的充沛，读书好学，多思好问，勇于探索，锻炼敏锐的思维，形成良好的判断能力。

正确认识到自己在学校、生活、家庭各个阶段场景中的职责。做好自己分内的事情，不做有损于集体和个人有害的事情。正确地看待权力和金钱。

没有最大的权力，看似掌握的权力很大，但也是要维系在下层的拥护之上。主要是看拿着权力用来干什么？用来损人利己，最后定会落个自食其果的下场；用来为国为民，即使是一个小小的职员，也能绽放出夺目的光彩。

没有赚不完的钱，数字的时代，钱渐渐地变成了一串串无尽的数字，何时算够？对自己和家庭，够用——足以。当然，很多的企业家在达到了一个层次以后，就会去做一些慈善事业，这就是一个对待金钱的正确价值观。

人间百态，不是每个人的人生都能够健康幸福的，不幸的很多、穷苦的也很多，在这些人正经历这些不幸或穷苦的时候，伸出援助之手，这就是一种正确价值观的传递。

本章小结

本章的主要内容是领导者必须具备正确的三观，即正确的价值观，人生观和世界观。没有正确的三观，就不可能成为一个好领导！在领导岗位上没有正确的三观，很可能就会腐败变质。改革开放以来，党内出现的干部腐败，触目惊心，究其核心，就是三观出了问题。

所以我们每一个在领导岗位或准备去领导岗位的人，必须端正三观，着力改造世界观，真正成为一个风清气正的好领导，也只有这样才能变成这个岗位第一生产力的作用。

第七章

领导者的三立人生

7.1 古人对三立人生的论述

人生一世界究竟达到什么样的程度，才算是成功的人生？古人认为立德、立功、立言，应该是人生的最终目地，也是人生的最高境界。

人生"三立"出自《左传·襄公二十四年》。晋国范宣子问鲁国大夫叔孙豹说："古人有言曰'死且不朽'，何谓也？"叔孙豹说："豹闻之，太上有立德，其次有立功，其次有立言；虽久不废，此之谓不朽。"

人生"三立"是儒家最高的人生理想。理想，只有用追求去做伴，那它才会鲜活生动。所以，人生的"三立"应该成为人们致力追求的目标。

其实，立德、立功、立言，也就是我们现在所提倡的做人、做事、做学问。一个人如果能够学会做人，学会做事，学会做学问，也就真正达到了人生的最高境界。做人就要做一个好人，这是做人之根本。做一个好人，是立德最起码的要求，也是一个人最基本的人生价值。做好人就要从做好事做起。古人说："勿以善小而不为，勿以恶小而为之。"只有一点一滴的好事做多了，才可成就为好人。我们常说，人生是美丽的，然而，美丽源于美德，美德决定人生。一个人可以不去立功、立言，但决不可不去立德，不去做一个好人。所以，加强品德修养，提升人人格品位是人生最重要的。

人生在世，似晨露朝昏，如匆匆过客。但人又是唯一能追问自身存在之意义的动物。法国作家罗曼·罗兰说："没有意义的人生等于提前死亡。"社会中芸芸众生人生观各不相同，故对人生目的的追求也五花八门。而古人所言"太上有立德，其次有立功，其次有立言"，乃是人生境界和意义的最简练概括，故又称人生"三不朽"之事。"立德"为何是人生的最高境界？立德与人生的一切有何关系？

"德者，本也"，无本之木难繁荫，无本之人不成器；"德者，才之帅也"，无帅之才，则可能成为"挟才以为恶"的"小人"，才愈高为害愈大；"一德立而百善从之"，"德高"之人受人敬重，从者如流，永不孤独，并让人们仿效学习。"立德"其含义是有层次的。最高者指创立道德学说、规范、楷模之人，古代如孔丘、孟轲，现代如雷锋、焦裕禄等。但我们每个普通人都有"立德"的问题，都要确立高尚的立身处世、待人接物的行为准则，即便身居"陋室"，只要"唯吾德馨"，也能远则口碑流传、影响他人，近则树立家风、教育子孙。

"立功"，古人最早的解释是"拯厄除难，功济于时"。《后汉书·班超传》："大丈夫无它志略，犹当效傅介子、张骞立功异域，以取封侯，安能久事笔砚间乎？"这就是著名的班超"投笔从戎"的故事。不过班超想立功的动机是"觅封侯"，不足为训。"立功"一词现在的通常含义是"建立功绩"。一般说来，没有突出的功劳和成绩，就谈不上和不可能"立功"。如果一个人一辈子平平庸庸，抱定"不求有功，但求无过"，那么人生肯定缺少波澜、气势和力度，更没有"扬眉吐气"之时、"激昂青云"之地，生命的意义就大打折扣了。当然，欲建立功业，既要有敬业、乐业的精神，更要有力气、才气的付出。两者都不具备者，一般说来，则与"立功"无缘[1]。

"立言"指的是著书立说。古代只有"鸿儒"才有这个能力。一般的解惑、授业者，考证、演绎者，都谈不上"立言"。孔颖达疏："立言，谓言得其要，理足可传，其身既没，其言尚存。"这段话是颇有现实教育意义的。被毛泽东赞为"纤笔一枝谁与似，三千毛瑟精兵"的丁玲曾提倡"一本书主义"，即一个人一辈子能写出一部好书就足以自慰了[2]。此言在"文革"中遭批判，其实是精到之论。"五个一"工程中就有一个大单位一年能出"一本好书"的要求，久而久之，我们的国家就会不乏文化精品。现在风行的出书买个书号，著文找位"枪手"，制造出的是一大堆"语言垃圾"，连"速朽"也谈不上，当然压根儿谈不上"立言"[3]。古人对"三立"的次序和地位已排了，但未论及难易。"立言"的条件是"才气"，别的是次要的。君不见，汪精卫满腹经纶，是卖国老手，汉奸文人。

一般的人，想"立言"是困难的。"立功"也属不易。老百姓中立过功的有几人？即使在部队当过兵，"立功"者仍是少数。那么"立德"呢？孔夫子说了一句大实话："吾未见好德如好色者也。"这说明素来"好德"者少，

---

[1]　分析：物业"辛迪加"＋整进散出＝下一个巨头？《学术论文联合库》

[2]　管理者必须记牢的十个成语《学术论文联合库》东堂策

[3]　浅析电视娱乐节目中主题弱化所导致的媚俗化倾向

自觉"立德"者稀。为何"少"和"稀"呢？就是它不属于自然属性、天生需要，而是要通过后天修养、刻苦追求。但是仔细想想，"立德"又是在"三立"中最容易做到的。有何根据？刘少奇同志在《论共产党员的修养》中引用了孟子说的"人皆可以为尧舜"这句话。毛泽东同志在《纪念白求恩》中道：一个人能力有大小，但只要有白求恩同志"毫无自私自利之心的精神"，"就是一个高尚的人，一个纯粹的人，一个有道德的人，一个脱离了低级趣味的人，一个有益于人民的人"。邓小平同志在学雷锋的题词中说："谁愿当一个真正的共产主义者，就应该向雷锋同志的品德和风格学习。"这就清楚地说明，"立德"不是谁的能力大小、职位高低、智慧多少的问题，关键是你喜不喜好、愿不愿意、想不想做的问题。如果我们人人自觉"立德"，此乃是于国于民于家于己都有利的大好事。

7.1.1 立德（道德成功）——需要治心修身

立德是孔子思想的核心概念之一，也是人之根本。孔子认为，一个人如果没有美好的品德和道德修养，就谈不上实现立言、立功，更无法获得美名。因此，立德成为其他二"立"（立言、立功）的基石和根本 372。

相传，在孔子年轻时，他曾在鲁国的卫灵公宫中担任过官职。有一次，孔子在宫中目睹了一幕令他深感震惊和愤怒的场景。

当时，卫灵公宴请了一些精英士人，乐师演奏舞蹈。然而，这些士人却完全不重视礼仪和道德，他们互相推诿、嘲笑和出言不逊，完全没有君子应有的风度和行为。

孔子看到这样的场景后，感到非常愤怒，并决定离开卫灵公宫，放弃官职。他对自己的弟子们说："卫灵公的朝廷已经没有了道德和仁义，我无法在这里继续任职。"

孔子的弟子们非常担心和失望，他们劝孔子留下来，提醒他作为一位有道德修养和追求完美的君子，应该在这样的场合中发挥积极的影响力，去修正错误和教导他人。

孔子听从了弟子们的劝告，最终决定留下来，并开始了他在卫灵公宫中的教育事业。他致力于教育卫灵公和其他官员，传授礼仪、道德和君子之道。孔子用自己的言行和榜样，逐渐改变了卫灵公宫中人们的思想观念和行为方式，使他们明白了道德与修养的重要性。

这个故事体现了立德的核心精神。孔子在面对不道德和无礼的场景时，选择坚守自己的原则并用积极的方式去教导他人。他通过自己的言行榜样，塑造了一个良好的道德氛围，从而实现了立德的目标。

就个人修养而言，孔子强调了仁、贤、孝、忠、信等道德品质的重要性。他认为，作为一个君子或修养完善的人，应该具备仁慈、贤惠、孝悌、忠诚和诚信的品德。仁是立德的核心，它包含了爱亲、爱人、泛爱众等多层面的含义。

在为政德行方面，孔子强调了以德为政的重要性。他认为，一个执政者首先要做到仁君，正君，才能施行仁政。孔子主张以礼治国，强调正大而兼容，使得君臣之间建立起互信和忠诚的关系。他认为，一个执政者如果自身正直并具备仁善之德，就能够有效地治理国家。

孔子的思想对中国思想界和文化领域产生了深远的影响。儒学作为中国传统思想的主要学说，成为历代王朝治国理政的指导思想，也在中华民族的精神文明中占据着重要地位。孔子的一生虽然在立言立功方面可能存在一些遗憾，但他作为儒学的奠基人，对中华民族优秀文化的发展作出了巨大贡献，因此可以称之为成功者187。

立德作为孔子思想的核心，强调了个人修养和为政德行的重要性。孔子的思想对中国文化和思想界具有深远的影响，他是我们中华民族值得骄傲的精英。

清代学者徐珂在《清稗类钞》里讲到了曾国藩这样的一个故事：

湘军名将刘长佑时任直隶总督，在"剿捻"上主张合剿，而湘军统帅曾国藩则主张分剿。

两人虽然主张不一致，意见不合，但曾国藩却相当和气又真诚地称赞刘长佑，最终刘长佑说了这么一句话："涤翁于此乃毫无芥蒂，良由做过圣贤工夫来也。"

一个人做过了圣贤功夫，也做到了"立德、立功、立言"之后，也就可以彰显出一个人的高贵品质。

也只有做到这样，才能做出一番不朽的事业和成就。

中国古人向来看重个人修养，立德则完全可以成为修养里头的重中之重。

诸如前人所说的"修身、齐家、治国、平天下"，修身作为万事的开头，也就足以说明了它的重要性和前提性[1]。

我们常常可以从别人的嘴里听到，先管好自己，才有资格管好别人。

只有立好了德行，才能在接下来的日子里打造自己的眼光、胸怀、气度和格局，最终培养出一种高深的境界307。

"百行以德为首。"

德行是立足之根本，没有德行的人，既会坏事，也会惹事[2]。

明代嘉靖年间，权倾朝野的严嵩，身居高位却不谋其政，反倒暗地里结党营私，贪赃舞弊，算计同僚，最终导致国力衰弱，百姓愁苦难忍[3]。

正所谓上梁不正下梁歪，严嵩这种败坏的道德，经过了一番耳濡目染之下，其儿子严世蕃更是飞扬跋扈，肆意妄为。

正所谓纸包不住火，再加上常在河边走，哪有不湿鞋的道理，最终父子俩东窗事发，严世蕃遭受腰斩之刑罚，而严嵩则罢黜为民，遭受百姓们的唾弃，终在凄凉的光景下离去。

诚然，一个人不管在事业上取得了一番怎样辉煌的成就，也不管自己爬到了多高的位置上，如果德不配位，则站得越高，摔得越惨。

"德不配位，必有灾殃，德薄而位尊，智小而谋大，力小而任重，鲜不及矣。"

明明德行不够，却偏偏硬要坐上尊贵的位置，明明智慧不足，却偏偏想要谋个大局，明明力气不行，却还是强逼着要不顾一切地负重前行。

这样的人，通常都是不会有好下场，遗患无穷，也只能让自己的人生过得越来越悲催。

---

[1] 论"修身、齐家、治国、平天下"的思想与企业公民责任 《学术论文联合库》 娄巍

[2] 《道德经》的管理之学：上德有德 《学术论文联合库》 李文武

[3] 关于加强社会主义道德价值建设的思考 《学术论文联合库》 董志国

7.1.2 立功事业成功——需要时势机遇

一个人的立功之路，不仅需要他的努力和才干，还需要时势与机遇的配合。以下是我对此话题的一些思考。

首先，我们需要明确，立功并不仅仅指某个人在事业上取得的成功，也包括对社会、国家做出的贡献，以及对人类文明进步所作出的重要贡献。因此，在谈论立功时，我们不能仅仅关注个人的成就，而应该把个人成就与公共利益结合起来考虑。同时，成功的奖赏既来自社会，也适用于社会，这既是一个人施展才华的目标，也是他所承担的责任。

其次，时势与机遇对于立功十分重要。我们不能忽视外部环境和机遇的影响。时势与机遇通常与社会、经济和政治形势紧密相关。历史上许多有志之士，在某些特定时刻，得到了难得的机会，有机会施展自己的才华，实现了惊天动地的成就。例如，李世民在唐朝转型时期的机遇中，成为伟大的皇帝；韩愈在唐朝文学繁荣的时代，成为思想家和文学泰斗；毛泽东在20世纪初中国国家社会大变革的时期，成为中国革命和建设的伟大领袖。

但是，机遇只是成功的一个因素，它并不是必要条件。对于许多人来说，机遇的到来需要等待很久，而可能在当时并没有得到应有的认可和支持。然而，他们通过自己的坚持和努力，在逆境中发现了机会，并最终取得了成就。例如，杨绛、冯骥才等人，在特殊历史背景下，坚守内心信仰和创作精神，为中国文学的发展作出了重要贡献。他们的立功之路，虽然艰难曲折，但最终在新时代得到了认可和赞誉。

时势与机遇的确是立功之路上的重要因素，对一个人的成就有重要的影响。但并不是说没有机会就不能成功，也不是说有机会就能够轻松取得成功。一个人还需要具备坚定的信念、优秀的素质和才华，以及不断努力与实践的精神，才能在逆境或机遇中实现自己的价值和目标。

赵云是中国历史上一位杰出的武将，在三国时期的蜀国中担任重要角色。他勇猛善战，在刘备的统领下，与曹操、孙权等强敌作战，并立下了赫赫战功。

赵云年少时，就以英俊潇洒而被人称道。后来，他听说刘备在当地招兵买马，便毅然决然投奔刘备。赵云先是帮助当地的杨怀起义，然后加入刘备，成为他的亲信将领。

在赤壁之战中，赵云率领部队奋勇作战，立下了许多战功。他个人在战场上表现出色，最终为刘备成功击退曹操的进攻做出了重要的贡献[1]。

此后，赵云随刘备北伐，多次参与重要战役。在定军山之战中，他单枪匹马救下被敌军围困的刘备，展现出无畏的勇气和忠诚。

在刘备去世后，赵云一直忠心耿耿地侍奉刘备之子刘禅，并守护蜀国的安全。他在与吴国的战斗中多次立功，为蜀国保卫边疆作出了巨大贡献。

赵云是一个英勇善战、忠诚谦逊的将领，他的立功不仅体现在战场上，更体现在对刘备及其家族及国家的忠诚和奉献中。他为后人树立了崇高的榜样，成为中国历史上备受敬仰的英雄人物之一。

人活着，总要干点什么，这样的人生，才不至于到最终一无所成。

人生不可能是一条直线，倒是像一条波浪线，我们只有在起起伏伏的岁月里，才能真正发现人世间的曼妙和精彩。

人生虽苦，但只有做到吃得住苦，熬得下苦的人，才能真正品尝出甜的味道。

正如明明就是一个文人的曾国藩，却能够一步步通过自身的努力和长期的坚持，最终在军事上取得了巨大的成功，成功地镇压了太平天国运动[2]。

当初接受朝廷命召的时候，曾国藩啥都不懂，但他还是很愿意做出改变，没有刻意，也没有不真诚。

而是带着一种平天下的心志，让自己坚定着心中的信念，积极地作出相应的努力。

另外，曾国藩既然做出了选择，就会想着坚定到底，带着这么一种立功的信念，吃苦耐劳，静得下心，沉得住气，吃得了苦。

如此，他才能在接下来的岁月里，进退自如，行稳致远。

"刻意去找的东西，往往是找不到的，天下万物的来和去，都有他的时间。"

---

[1] 浅谈《三国演义》的人物描写 《学术论文联合库》 肖旭

[2] 论冯艺文化散文的忧患意识 《学术论文联合库》 杨非飞

也正是这样的道理，所以曾国藩在自己对军事一无所知的时候，不刻意、不勉强、不放弃。

然后，才会在顺其自然的过程中，拿出个人的魅力和魄力，遇到难关重重时，还能做到豁然开朗，保持高深的境界来达成目标。

孔子作为一位伟大的思想家、哲学家和教育家，他虽然在立功和立名方面有些遗憾，但他却对人类文明和社会进步作出了巨大的贡献。他提出的儒家思想，强调道德、仁爱和诚信等价值观，在中国传承了两千多年，影响深远。他对教育的理解和实践，也对后来的中国教育产生了深远的影响。所以，我们今天依然要学习孔子的思想，并将其应用于现代社会。

7.1.3 立言（学问成功）——需要禀赋才能

"立言"意味着通过言论传达自己的思想和价值观，从而达到影响他人的目的。在古代，许多伟大的学问成功者都是凭借自己的传承禀赋和才华来实现"立言"，例如孔子、墨子、荀子等大儒。

首先，孔子是中国古代儒家思想的代表人物之一，他的学问成功就是充分体现了禀赋对于"立言"的重要性。孔子出身于一个小官僚家庭，他的父亲早逝，不过幸得母亲的栽培和关爱，孔子在很小的时候就展现了出色的才华和智慧[1]。在他的学生年代，孔子曾经师从不同的老师，吸取了各种知识和思想，但他始终坚持自己的信仰和价值观，坚信"仁"是人类最高的道德标准，并将这一理念贯穿于自己的言行之中[2]。正是凭借着他的传承禀赋和出色的言谈之间，孔子才能够成为儒家思想的代表人物，也最终影响了几千年的中国文明。

墨子也是中国古代思想家中的佼佼者，他是著名的墨家学派的创始人和领袖。墨子出生在一个非常贫穷的家庭，但他天赋聪颖，对于知识和学问有很强的求知欲。他十分重视实践和实证主义，并将"兼爱"作为自己的价值观[3]。墨子为人正直，语言简练而有力，通过长期的传授和发言，他成

---

[1]　孔子的家庭出身问题新探《学术论文联合库》孙景坛

[2]　精神性—道德主体的人性特征《学术论文联合库》徐桂红

[3]　中国社会经济史研究的拓荒与奠基《学术论文联合库》向燕南

功地倡导了"兼爱非攻""良心论"等重要思想，为中国古代哲学的发展做出了重要贡献。

荀子是战国时期的一位著名哲学家和思想家，同样也是儒家学派的代表人物之一[1]。荀子出身于一个小官僚家庭，他的父亲是一名官吏，但在他年幼时便去世了。荀子在成长过程中，接受了周围知识分子和思想家的启示，并逐渐形成了自己独特的思想。他认为人性本恶，只有通过教育和规则才能使人们变得更加文明和善良。荀子思想深邃，言辞简洁有力，他的论述总是能够引起人们的共鸣。他通过他的"立言"，将自己的思想和哲学理念传承给了更广泛的群体，并对中国哲学的发展做出了重要贡献。

可以看出，这些伟大的思想家之所以能够取得学问上的成功，都是因为他们拥有相应的传承禀赋和才华。正是这些禀赋和才华，使他们在言谈之间创造出宏大思想和哲学理论，并通过长期的传授和发言，影响了许多人。在今天的社会中，"立言"也成了一个非常重要的能力，只有拥有相应的传承禀赋和才华，才能够在言谈之间传递自己的思想和价值观，并在社会中取得学问上的成功。

做人，立德不易，立功也难，可要想做到立言则难上加难。

不过，很多时候我们要明白，很多事情的意义在于，不是因为难而退缩，而是因为难而迎难而上。

古往今来，真正做到立言的屈指可数，诸如说孔子、王阳明，以及曾国藩。

能够做到立言的，首先在于他们的脑瓜子里的确装着很多人情世故上的，以及人生理想和信念上的道理。

这些道理经过他们的思考、提炼智慧，倒是成为一种生活哲理。

毫无疑问，任何一个人、一个民族，乃至一个国家，都需要文化来传承一个人、一个民族，乃至一个国家的涵养。

这种涵养，也是一种底气，一种自信，以及一种源远流长的基因。

虽然很难做到立言，但是我们要明白，再难的东西，只要我们坚持不懈地朝着它的方向前行，哪怕无论如何也抵达不了。

但是，只要我们尽力了，用心了，坚持了，就觉得足够了。

---

[1] "荀氏之儒"及其对儒学发展的贡献《学术论文联合库》陈寒鸣

立德者或许没有机遇或者天赋，难于立功立言。

立功者可以立德，却难于立言。

立言者也可以立德，却难于立功。

领导能够做到立德立功立言要有清正廉明的品德。在工作中，领导要注重自己的言行举止，时刻注意自己的形象和言谈举止是否符合道德标准，同时还要尊重他人，关心员工，保持身心健康。只有具备这些素质，才能够赢得下属与同事的信任和尊敬。还要善于总结经验，探索新的方式方法，以实际成绩来证明自己的价值。领导的领导力主要体现在解决问题上，因此，领导应该注重自己的业务技能和管理能力的提高，不断提升自己的素质和能力，通过自己的实际行动和建设性成果来赢得团队与公司的认可。

一个优秀的领导，对于语言的运用也应该十分娴熟，善于用言语传递自己的价值观和理念，进而影响下属及团队发展。领导在言谈之间，应该注重语言的规范性和准确性，不仅要能够用通俗易懂的语言讲述复杂的内容，同时还要具备一定的演讲和写作能力。通过这些方式，领导可以让自己的想法更好地传递给下属和团队，提升团队的凝聚力和向心力。

一个优秀的领导要做到立德立功立言，需要注重自身的品德修养，不断完善自己的能力和素质，同时善于用言语影响他人，从而赢得下属、同事与团队的尊敬和支持。

7.2 领导者的个人魅力

领导干部的人格魅力对于领导执政水平和影响力具有重要作用。在领导岗位上，权威是由职位和职权所赋予的，这种权威可以为领导提供一定程度的人格魅力基础。

同时，领导干部个人的性格、气质以及所展现出的影响力和氛围也是构建人格魅力的重要因素。一个具备积极向上、正直诚信的性格特点，能够以身作则、率先垂范的领导，往往能够赢得下属和群体的尊敬和信任，进而提升自身的人格魅力。

而领导的气场又常常来自他们的行为表现和言谈举止。一个富有魅力的领导应该具备坚毅果断、谦虚谨慎、善于沟通的特质，善于倾听下属的意见，能够给予正面的激励和引导，同时还要具备良好的说服力和表达能力，能够用有效的语言和方式来启发和引导团队。通过这种积极的言行举止，领导可以有效地构建和传播正能量的氛围，进一步提升自身的人格魅力。

需要注意的是，人格魅力是可塑的，领导干部可以通过不断学习和修炼来提升自己的人格魅力。例如，注重修身养性，培养良好的品德和道德观念；注重自我反思，不断完善自己的性格和行为方式；注重与人交流和互动，学会倾听和理解他人的需求和意见。通过这些努力，领导干部可以不断提升自己的人格魅力，更好地发挥领导作用，影响和带领团队取得成功 [1]。

7.2.1 要有协调能力力。

协调能力是指在面对各种复杂的情况下，能够有效地掌控人际关系、组织机构、资源分配等多方面因素，以达到最优的结果。协调能力不仅是管理者必备的一项重要素质，也是现代社会中每个人都应该具备的一项重要能力。要有协调能力，需要做好以下几个方面：

提高沟通能力

协调能力的提升需要建立在高效地沟通基础之上。一个良好的沟通环境可以帮助人们更好地交流信息、理解对方的需求和意见，并及时作出相应的响应和调整。因此，我们需要为自己建立一个良好的沟通环境，提高沟通技巧和能力，包括听取对方的意见和想法，善于表达自己的看法和想法，理性分析和解决问题等。

建立良好的人际关系

协调能力也需要建立在良好的人际关系基础之上。良好的人际关系可以帮助我们建立信任和合作关系，使得各方更加愿意彼此协调和支持，从

---

[1]　浅谈构建和谐社会要重视增强领导者人格的魅力——关于新时期提高领导干部素质的思考 《学术论文联合库》 武园萍

而更好地实现共同的目标。因此，我们需要注重建立和维护良好的人际关系，包括尊重他人的想法和感受，积极与他人建立联系和沟通，关注他们的需求和利益等。

学会分析问题

协调能力需要具备分析问题的能力。在组织协调过程中，经常会遇到不同的利益诉求和困难矛盾等问题。如何理性准确地分析问题，找到各方的需求和权益，是协调的关键。因此，我们需要学会分析问题的方法和技巧，包括多方面地考虑问题、全面分析各种因素、运用科学方法进行分析等。

加强管理能力

协调能力需要具备管理能力。在协调过程中，需要对组织机构、人员、资源等进行有效的管理和调配。因此，我们需要具备系统管理思维和管理技巧，能够合理规划和分配资源、协调工作进度、调节各方利益等。

增强决策能力

协调能力需要具备决策能力。在协调过程中，需要对各种情况进行适时的决策，并作出相应的调整和优化。因此，我们需要具备客观分析、系统思考、科学决策的能力，能够在复杂的情况下快速做出正确的决策。

不断学习和成长

协调能力需要不断学习和成长。随着时代的变迁和新技术的发展，组织协调面临的问题和挑战也在不断变化。因此，我们需要保持敏锐的触觉，不断学习和探索新的思路、方法和工具，以适应不同场景的需求和挑战。

总之，要有协调能力需要在沟通能力、人际关系、问题分析、管理能力、决策能力和学习成长等方面不断提高自己，开展积极的思考和实践，不断丰富和提升自己的协调能力水平。

7.2.2 要有高尚道德。

对于领导者来说，高尚的人格是至关重要的一项素质。高尚的人格可以体现在德行修养、道德情操、行为规范等方面。首先，领导者应具备爱国守法的品质，意味着他们要坚守法律法规，尊重国家利益，为国家和社会作出贡献。其次，领导者应具备明礼诚信的品德，要讲究礼仪规范，待人真诚而正直，保持诚信守信的态度。此外，领导者还应该具备团结友善的品质，善于团结他人，建立良好的人际关系，推动团队协作，实现共同目标。同时，勤俭自强也是领导者应具备的品德，他们不仅要勤奋工作，追求卓越，还要勤俭节约，艰苦奋斗，以自己的实际行动影响和激励他人。最后，领导者还应具备敬业奉献的精神，要忠诚于职责，全身心地投入工作中，为人民服务，为国家发展贡献力量[1]。

这些高尚的品德对于领导者来说非常重要。只有具备了这些品德，领导者才能够赢得下属和民众的尊重和信任，增强自身的影响力和感召力，同时也能够更好地团结带领广大干部群众实现各项目标。因此，在选拔和培养领导干部时，我们应该注重德才兼备，把高尚的道德素质作为重要的基础和前提。

同时，公民道德建设也是当前社会重要的任务之一[2]。我们需要加强公民道德规范教育，弘扬中华民族的传统美德，引导人们树立正确的价值观和行为准则，以德治国，构建和谐社会。通过教育和引导，我们可以提升整个社会的道德水平，营造良好的社会风气，共同实现国家的发展和人民的幸福。

总之，领导者的高尚人格是他们取得成功的重要保障，也是社会进步和和谐发展的重要力量。我们每个人都应该从自身做起，修养自己的道德情操，追求高尚的人格，为实现中华民族的伟大复兴作出自己的贡献。

吕新吾在《呻吟语》一书中还写道，"聪明才辩，是第三等资质"。这句话就是说，头脑聪明、才华横溢、能言善辩只不过是第三等资质而已。

然而现在不管东方还是西方，凡是成为领导者的人基本只具备了吕新吾所说的第三等资质，也就是"聪明才辩"。这类人才作为官吏，确实能够

---

[1] 管理背后的假设——为什么那些教授你"把信送给加西亚"的人都是管理骗子《学术论文联合库》焦长轶

[2] 【学田宣传】新时代公民道德建设实施纲要《互联网文档资源》

发挥作用，他们是否真的具备了杰出领导者所应拥有的人格，对此我们就不得不表示怀疑了。

当前在全世界范围内都出现了社会意识的堕落，其根源在于，那些只具备了第三等资质的人占据了领导者的位置。为了构筑一个更加美好的社会，就需要选拔录用吕新吾所说的具备第一等资质的人，也就是让拥有高尚人格的人担任领导者职务。

"人格"即便是先天性的存在，但并非永恒不变。事实上，一个人的人格会随着时间的推移产生变化。有的人具有与生俱来的高尚人格，有的人却并非如此。就算那些生来便具有高尚人格的人中，也很少有人能够毕生都将自己的美好人格保持下去[1]。

之所以会这样，是因为一个人的人格会根据社会环境和经济环境的不同，在善与恶之间摇摆不定。例如，那些勤勉谦虚的人一旦登上了权力的宝座，整个人往往就会产生变化，开始心生傲慢，乃至晚节不保。这样的例子在现实中不胜枚举。同时也有一些人前半生曾经胡作非为，受到某些事情的触动后却能洗心革面、任劳任怨，在晚年成就了灿烂的人生。

真正的人格只有通过日复一日的劳动才能形成

本文的开头，我提出了"领导者必须具备高尚的人格"和"由于人格是一种不断变化的存在，我们无法仅凭一时的人格状态来判断一个人是否有资格成为领导者"的观点。

按照这种理念，应该被推选为领导者的人必须是那些在人生的大部分时间里都专注于自身工作，一直到悟到真理为止都在不断提升自身人格的人。也就是说，必须是那些通过自身体验领悟到"立身处世何为正确"的道理，并能不断付诸实践的人。

这样的人即便在成为领导者时，也依然不会堕落和懈怠，依然保持努力工作的态度，进一步把自己的人格向上提升。这样的人能够为了集体而牺牲自我，不断拼搏。我们应该让这样的人成为领导者。由这类具备高尚人格的领导者所率领的组织一定能够获得不断地发展。

佛教把我们这些凡人所遵循的提升心性、塑造人格之路的终极目标称

---

[1] 关于专职术前访视对病人满意度的影响《学术论文联合库》朱凤岚

之为"开悟"。佛陀告诉我们，为了达到最终的"开悟"，就必须进行被称为六波罗蜜的修行。

所谓六波罗蜜，第一是精进。也就是要认认真真、努力地度过自己的一生。为此我们必须全力以赴地投身于工作中，这让我们在获得了生存资粮这一报酬的同时，又提升了我们的人格，打造了崇高的心性，获得了美丽的心灵。

第二是持戒。也就是说不做那些不应该做的事情。不管是基督教、佛教还是其他宗教，对此都专门做了规定。我们应该严格遵守这些作为人应该遵从的最基本戒律。当我们犯戒时就要进行反省和忏悔，改正所犯下的错误。

第三是布施。也就是为他人奉献和帮助他人的意思。帮助他人的理念源自对他人的宽容和体贴之心，如果能够怀揣一颗关爱之心帮助他人，则必然能够让我们的人格得到升华。

第四是忍辱。也就是忍受那些不堪忍受的事情。在漫长的人生道路上，我们会遭遇各种各样的苦难，为此我们必须学会忍耐。

第五是禅定。我们一天至少要有一段让自己去除杂念、保持心灵的平静的时间。这对于净化心灵能够起到巨大的作用。

通过以上五种修行，我们便能领悟到符合自然规律的真理，而这就是第六波罗蜜——智慧。

7.2.3 必须做好传、帮、带

传帮带是一种在工作和学习中，前辈对晚辈或老手对新手等亲自传授知识、技能和经验的方式。通过传帮带可以创建学习型组织和团队，促进行业文化的和谐和互助，推动各行业人员素质的提升[1]。

在领导干部传帮带活动中，需要根据帮带对象的实际情况，有针对性

---

[1] 试析建设学习型党组织的实践与探索免费论文 《学术论文联合库》 徐福法

地进行辅导，提高其对中国特色社会主义理论体系、习近平同志系列讲话精神和理论知识的理解能力[1]。

以河南油田油服中心为例，他们依托高技能人才，通过传帮带的方式培养了一大批优秀人才。技能大师郭亮通过现场讲解和模拟操作，手把手地教授操作流程，帮助陈继仲等徒弟从技术"小白"成长为技术骨干。为了解决基层员工分布多区域和作息时间不一致的问题，他们建立了微信工作群，每天解答徒弟们遇到的技术难题，并借助考试酷平台开发"云课堂"进行线上学习和答疑。

这一行动使得油服中心的高技能人才与320多名员工签订了师徒协议，起到了提高员工技术素质的重要作用。他们培养了央企技术能手和中石化能手，并在相关竞赛中取得了优异成绩。此外，他们还有员工获得了各种技术比武的荣誉称号。

作为一种管理方法，传、帮、带具有以下重要意义：

传授知识与经验：领导者通过传授自己的知识与经验，帮助下属更好地理解和掌握工作内容和技能要求。这可以加快下属的学习曲线，促使其尽快适应工作岗位并发挥出更好的表现。

帮助解决问题：领导者要时刻关注下属的工作和发展情况，主动提供帮助与支持，帮助他们解决遇到的问题和困难。这种帮助不仅有助于提高工作效率，还可以增强下属的信心和归属感。

搭建发展平台：作为领导者，要以一种全局的眼光思考问题，为下属搭建适合他们发展的平台[2]。可以通过提供培训机会、项目机会、晋升机会等方式，为下属的个人成长和职业发展提供支持和机遇。

培养团队凝聚力：传、帮、带不仅是领导与下属之间的交流和互动，也是团队内部成员之间的相互关心和支持。通过传帮带，可以增强团队成员之间的凝聚力，形成良好的合作氛围和团队文化。

传承和弘扬企业文化：传、帮、带是企业文化传承的重要方式之一。

---

[1] "习近平新时代中国特色社会主义思想的科学体系"理论研讨《互联网文档资源》

[2] 浅谈吴宓伦理思想略论《学术论文联合库》王宏

通过这种方式，可以将企业的价值观念、行为规范等传承给新的一代，保持企业文化的延续性和稳定性。

要做好传、帮、带，领导者需要具备以下几方面的能力和素质：

深厚的专业知识与技能：只有领导者自身具备扎实的专业知识和技能，才能有效地传授给下属，并解决他们在工作中遇到的问题。因此，领导者需要不断提升自己的业务水平，保持学习和进步的态度。

良好的沟通与表达能力：领导者需要具备良好的沟通和表达能力，能够清晰地向下属传递知识和经验，并有效地帮助他们解决问题。同时，也需要倾听和理解下属的需求和困惑，与他们建立良好的沟通关系[1]。

积极地关心与支持：领导者要有积极的工作态度和责任感，主动关心和支持下属的工作和发展。他们应该及时提供必要的资源和帮助，解决下属在工作中遇到的问题，并积极营造一种能够激励和支持下属的工作环境。

感召力和影响力：领导者要以身作则，成为下属学习和发展的榜样。通过自身的行动和取得的成就，激发下属的积极性和学习动力，引导他们树立正确的职业观念和价值观。

个人情感的管理：领导者需要懂得管理自己的情感和情绪，以平和的心态对待下属的成长和进步。他们应该理解下属的差异性，尊重他们个人的发展轨迹和节奏，并给予必要的支持和鼓励。

在实践中，领导者可以采取以下措施来做好传、帮、带：

制定个人发展计划：与下属一起制定个人发展计划，明确目标和路径，指导他们在工作中不断提升能力和水平。

提供培训机会：组织或推荐下属参加相关的培训课程和学习机会，帮助他们拓宽知识面和技能，提高综合素质。

定期交流和反馈：与下属定期进行交流，了解他们的工作进展和问题，及时提供帮助和解决方案，并给予积极的反馈和肯定。

"传帮带"不仅是一种方式和方法，更是一种氛围和风气。通过"传帮带"，各行各业都培养出了大批专家。正如毛泽东同志所说，革命队伍中的

---

[1] 浅议沟通在基层人员管理中的重要性及应用 《学术论文联合库》 冯爱国

人应该相互关心、相互帮助和支持。年轻人应该虚心好学，尊重并关心老师，老同志则要有诲人不倦的精神，将自己的经验和技能毫无保留地传授给年轻人。

后记

　　本书构思时间大约在《成功不只是一点点》第二版改写出版后，也就是2022年2月。

　　2023年5月，我邀请了原浙江万里学院何峥圆同学一起参与写作，何峥圆同学以前曾参与了《成功不只是一点点》第二版改版写作（注：浙江大学出版社出版）和《哲学的翅膀飞起来》（注：中国人文科技出版社出版）的写作，本书的资料汇编、索引以及通稿整理等主要工作，基本由何峥圆同学负责，在此深表谢意！

　　同时也要感谢被引用的索引资料所有著作人，如有遗漏，敬请著作人指正，待下次再版或重印时更正，最后要感谢出版社的编辑、审核、设计人员，感谢你们的辛苦付出！

张弼君

2024年3月28日于宁波